**전쟁과
학살을
넘어**

전쟁과 학살을 넘어

팔레스타인에서
우크라이나까지,
왜 인류는
끊임없이
싸우는가

구정은 · 오애리 지음

2023년 여름, 저자들은 동유럽을 함께 여행했다.

숱하게 기사를 쓰면서 지명으로만 남았던 보스니아가 첫 방문지였다. 1990년대 옛 유고연방의 내전으로 수많은 이들이 죽어 나갔고 묻혔던 곳이다. 아름다운 사라예보의 노을 지는 언덕에 줄지어 선 흰 묘비들은 표현하기 힘든 감정을 안겼다.

세르비아와의 국경선 근처에 있는 스레브레니차를 찾아갔다. 세르비아계 혹은 정교도들은 그곳에서 사흘 만에 8,000명이 넘는 보스니아계 혹은 무슬림을 학살했다. 21세기를 목전에 두고 어째서 이런 학살이 벌어졌을까. 민족이란 무엇이며 종교란 무엇이기에 이런 잔혹한 일이 펼쳐지는 것일까. 유고연방의 70년 역사는 이들에게 어떤 것을 남겼을까. 의문이 꼬리를 물었고, 마음이 너무 괴로웠다.

보스니아의 상점들에서는 옛 유고의 지도자이자 지금도 영웅시되는 티토의 초상이 담긴 기념품과 내전이 남긴 총탄을 모아 만든 장식물들을 팔았다. 국경을 넘어오니 세르비아의 영웅은 테니스 선

수 조코비치와 푸틴이었다.

유럽에서 가장 아름다운 도시 중 하나로 꼽힌다는 폴란드의 크라쿠프. 자동차로 한 시간 남짓 달리면 오슈비엥침이 나온다. '아우슈비츠'라는 독일식 이름으로 더 유명한 곳이다. 그곳에서 느낀 충격을 어떻게 표현해야 할까? 알 만큼 안다고 생각했던 홀로코스트, 하지만 시간을 뛰어넘어 그 공간의 공포가 온몸을 에워싸는 경험. 아마도 영원히 풀 수 없을 의문일 것이다. 인간이란 무엇이기에, 과연 인간은 어떤 존재이기에 이런 짓을 저지를 수 있었을까.

심리적 충격 속에 "이제 앞으로 10년간 제노사이드는 생각하지 말자"고 다짐하며 돌아왔는데 얼마 지나지 않아 이스라엘과 하마스의 전쟁이 시작됐다. 팔레스타인의 이름으로 대의명분을 가졌던 하마스가 반인도적 범죄를 저질렀고, 이스라엘은 그에 대해 제노사이드로 대응했다. 이스라엘은 이 전쟁을 빌미로 가자지구와 요르단강 서안에서 팔레스타인 사람들을 대거 이집트와 요르단으로 밀어내고, 자신들이 바라는 유대인들의 '생활공간'을 넓히려 하는 것인가? 이런 비유를 하는 것에 대해 이스라엘은 홀로코스트 희생자들을 모독하는 반유대주의라고 비난하겠지만 말이다.

난민들이 떼밀려 나와 유럽에까지 이르게 되면 그때 세계는 시리아 내전 때 그랬듯이 '엑소더스' '난민 사태'라는 이름을 붙이며 골칫거리로 치부할지 모른다. 1,400명을 죽인 죄와 1만 명 이상을 죽인 죄를 저울의 양쪽 접시에 놓고 무게를 잰다면, 테러와 로켓 공격의 죄와 땅과 삶, 나라를 빼앗은 죄의 무게를 잰다면, 한 세대의 저항과 수 세대에 걸친 억압과 배제를 놓고 저울질을 한다면, 먼저 공격한 죄와 수십 년간 당해온 고통의 무게를 비교한다면, 어느 쪽으로 기울까. 쉽지 않은 문제다. 한 사람의 삶이든 만 사람의 목숨이든 모두 무거운 것이니까.

저자들은 오랫동안 언론사에서 일하며 국제 뉴스를 다뤄왔다. 전쟁과 분쟁은 그중에서도 가장 많이 다뤘던 소재이지만 이토록 많은 의문은 늘 풀리지 않은 채 머리를 짓누른다. 우리는 이 책에서 의문의 해답을 찾으려는 대신, 동료 시민들과 함께 고민을 이야기하려 애썼다.

1부에선 지구 전체에 그늘을 드리운 우크라이나 전쟁을 다뤘다. 민주주의를 향한 우크라이나인들의 힘겨운 여정과 거기에 계속 질곡을 강요한 러시아라는 존재를 이해하기 위해 역사적 배경을 설명했다. 미사일 하나, 핵발전소 하나조차도 두 나라의 관계사를 들여다보지 않고는 이해할 수 없다는 점에서 역사와 현재의 단면들을 교차시키려고 애썼다.

2부의 주제는 이스라엘과 팔레스타인 문제다. 이 또한 역사를 들여다보지 않고는 맥락을 잡기 힘든 이슈다. 이스라엘 건국 때부터 현재까지의 진행 과정을 풀어 쓰면서, 이스라엘이 무법자로 인식

되어온 과정과 그 도구가 된 정보기관들의 저돌적 행태를 정리했다. 이를 보면 미국이 '핵 개발 의혹'을 빌미로 이라크와 이란과 시리아 그리고 북한까지 압박하는 데 이스라엘이 빠짐없이 관여해왔음을 알 수 있다. 유엔의 숱한 결의안들과, 그 배경에 중동 전쟁뿐 아니라 이스라엘과 남아프리카공화국의 핵 협력, 시오니즘을 둘러싼 인종 주의 논란까지, 제2차 세계대전 이후 세계의 중요한 사건들이 작용 했음을 보여주려 했다.

　이어지는 3~5부에선 21세기의 주요한 전쟁인 시리아 내전과 아프가니스탄 전쟁, 이라크 전쟁을 다뤘다. 뒤의 두 전쟁은 미국의 일방적 침공으로 일어났고, 미국이 압도적 화력을 쏟아부어 장기전 을 치렀지만 결코 '승리'라 할 수 없는 초라한 성적표만 받아들고 발 을 빼야 했던 전쟁들이다. 사건의 진행 과정을 시기 순으로 설명한 뒤 미국의 오만과 일방주의가 어떻게 부메랑이 되어 돌아갔는지, 그 전쟁들이 세계에 어떤 파장을 일으켰는지를 분석했다. 전쟁의 민영 화와 중국의 부상같이 지정학적으로 두드러진 측면을 다룬 글들을 덧붙였다.

　마지막 장에는 전쟁 뉴스를 오래 들여다본 저자들의 고민과 바 람을 담았다. 전쟁 범죄를 왜 처벌해야 하는가, 전쟁 범죄에 대한 인 식과 단죄는 어떻게 진화해왔나, 한국인들에게 전쟁과 파병 그리고 난민은 어떤 의미를 지니는가 하는 것이다. 강자의 배짱 앞에 약자들은 그저 다치고 치일 뿐 아무 힘이 없는 것 같지만, 미국이라고 무소불위인 것은 아니다. 사람에겐 진화를 통해 습득해온 공감과 연민과 정의감이 있다. 그러나 국가 혹은 민족이라는 정체성이 앞서게 되면 정의감과 연민은 사라지고 국익이라는 명분 아래 이기주의와 폭력성이 판치게 된다. 하지만 개개인과 국가들 모두의 통합체인 '인류'가 되면 보편적 인권과 평화라는 화두가 다시 고개를 들며 윤리적 판단이 '냉혹한 국제질서'의 일부이자 한계이자 규범으로서 영향력을 갖게 된다. '인류애'라는 말이 있는 것은 이 때문일 것이다. 인류애가 깨져나간 단층들을 돌아본 이 책이, 인류애를 일깨우는 데 조금이나마 도움이 되기를 바란다.

Contents

1부　세계를 뒤흔든 우크라이나 전쟁

1장

❖

푸틴, 세계를 흔들다

❖

　2022년 2월 24일, 우크라이나에 미사일들이 쏟아졌다. 러시아가 이웃한 우크라이나에 무차별 폭격을 시작한 것이다. 러시아군은 수도 키이우를 비롯해 우크라이나의 주요 군사시설들을 집중적으로 공격했고, 탱크와 지상군들을 투입해 항구도시 오데사와 마리우폴 등을 신속하게 장악했다.

　지난 10여 년 농안 러시아와 우크라이나 간의 갈등이 계속 악화일로로 치달았던 게 사실이지만, 러시아의 전격적인 우크라이나 침략에 세계는 깜짝 놀랐다. 유럽 내에서 한 독립국가가 다른 독립국가를 이처럼 대대적으로 침략하는 전쟁이 일어나기는 1945년 제2차 세계대전 종전 이후 처음이었다. 러시아가 우크라이나를 무력으로 공격하기는 1922년 이후 무려 101년 만이었다.

　블라디미르 푸틴 러시아 대통령의 제국주의적 야욕과 무모함에 국제사회는 경악했다. 1991년 소비에트 체제 붕괴 이후 30여 년

우크라이나 주변 지도

만에 '신냉전 시대'가 도래한 것일까. 푸틴이 벌인 이 전쟁은 미국의 패권 자체를 뒤집어엎으려는 것은 아닐지 몰라도 러시아의 옛 세력권을 복구해 '영광'을 재현하려는 의미로 해석됐다.

푸틴은 침공 직전 TV 연설에서 '특별군사작전'이란 용어를 사용했다. '특별한 목적'에 국한된 군사작전임을 강조한 것이다. '군사작전'이라는 말이 '전쟁'보다는 덜 무섭고 순하게 들리는 게 사실이다. 질질 끌지 않고 특정 목표만 달성하고 나면 신속하게 작전을 마무리할 수 있을 듯한 뉘앙스도 풍겼다. 푸틴은 "우크라이나가 러시아를 지속적으로 위협하고 있어 러시아가 안전하게 존재하기 어려워졌다"는 말로 침략의 책임을 우크라이나에 돌렸다. 또 "우크라이나 정부의 괴롭힘과 집단학살의 대상이 된 사람들을 보호"하고 우크라이나를 "비무장화, 비나치화"하려는 것이라고 주장했다.[1] 하지만

16

침공을 감행하기 전까지 그는 "러시아와 우크라이나는 하나"라고 여러 번 주장했다.

우크라이나가 러시아를 어떻게 위협했다는 것이며, 우크라이나가 누구를 괴롭혔다는 것이고, 우크라이나의 '비나치화'는 왜 갑자기 튀어나왔을까. 러시아와 우크라이나가 하나란 이야기 속에는 어떤 의도가 숨어 있는 것일까.

우크라이나와 러시아는 한 뿌리인가

우크라이나는 유럽에서 동과 서, 남과 북을 연결하는 경계에 위치해 있다. 오랜 세월 동안 서유럽 사람들은 우크라이나를 거쳐 동방으로 나아갔고, 반대로 러시아와 중앙아시아 사람들은 우크라이나를 통해 유럽으로 이동했다. 이런 지리적 위치 때문에 우크라이나는 사람과 물자, 문명의 이동에서 중요한 역할을 했지만 동시에 늘 주변국들의 침입에 시달렸다.

우크라이나 내부적으로는 남쪽의 흑해로 흐르는 느니프로강이 국토를 동서로 나누고 있다. 이 강을 경계로 서부 지역은 과거 폴란드와 오스트리아 제국의 지배를 받았고 민족주의 성향이 강하며 우크라이나어를 쓰는 사람이 많은 반면, 동부 지역은 수 세기 동안 러시아 지배를 받아 러시아계 주민이 많고 정치적으로 보수적인 성향을 나타낸다. 국토 면적은 60만 평방킬로미터가 넘으니 한국의 6배다. 드넓은 농경지 덕분에 많은 밀을 생산하고, 천연가스 등 자원도 많다. 인구는 전쟁 전인 2021년 기준으로 약 4,400만 명에 달했는데 우크라이나계가 78퍼센트이고 러시아계가 18퍼센트, 그 외 소수 민족으로 구성되어 있다. 언어는 우크라이나어와 러시아어를 함께 쓰는데 러시아와 가까운 동부에서는 주민 대다수가 러시아를 사용한다.

유럽 역사에서 우크라이나가 부상한 것은 8~9세기 동유럽 최초의 봉건국가 키이우 루시Kievan Rus(러시아어로 키예프 루스) 공국이 세워지면서다. 키이우 루시가 13세기 몽골의 침략으로 멸망한 이후 일부 주민들은 몽골, 폴란드-리투아니아, 오스만투르크의 지배를 받았고 일부는 인접한 모스크바 공국으로 넘어갔다. 러시아는 모스크바 공국이 키예프 루스의 제도와 문화를 계승해 훗날 러시아 제국으로 발전했다고 주장한다. 푸틴이 러시아와 우크라이나는 하나라고 말하는 근거가 바로 이것이다.

우크라이나의 주장은 다르다. 모스크바 공국은 키이우 루시의 지배 아래에 있던 비非슬라브 부족의 연합체일 뿐이며 우크라이나의 정체성과는 무관하다는 것이다. 우크라이나가 러시아와 하나로 합쳐진 데에는 1654년 페레야슬라프 협약Pereyaslav Agreement이 결정적인 계기가 됐다. 키이우 루시 멸망 후 남아있던 카자크족 자치국이 폴란드의 침략을 막기 위해 러시아와 맺은 이 협약이 지금의 우크라이나 동남부가 러시아에 귀속되는 결과를 가져왔다. 러시아는 이 협약을 통해 우크라이나와 법적으로 하나의 국가가 됐다고 주장하지만, 우크라이나는 단순한 군사동맹에 불과했다고 일축한다.

제1차 세계대전으로 러시아 제국이 무너지고 1922년 소련이 탄생하면서 우크라이나도 소련에 합병됐다. 독립 움직임은 모두 실패했다. 소련의 최고 지도자 이오시프 스탈린은 공업화된 사회주의 국가를 만들기 위한 5개년 계획을 실행하면서, 1928~1932년 농촌의 우크라이나인들을 대거 공장 지역으로 이주시켰다. 농장 집단화도 추진했는데, 이로 인해 농업 생산량이 급감하면서 1932~1933년에 우크라이나에서 대기근이 발생했다. 이로 인해 최대 1,000만 명이 굶어 죽은 것으로 추정된다. 우크라이나인들은 이 사건을 '홀로도모르Holodomor'라고 한다. 배고픔을 뜻하는 '홀로드'와 박멸을 뜻하는 '모르'가 합쳐진 말이다. '유럽의 빵 바구니'라 불릴 정도로 비옥한 토양을 가진 나라에서 이처럼 많은 사람이 굶어 죽는 믿기지 않는 비극이 일어난 것이다. 우크라이나와 서방의 역사가들은 이 사건을 나치의 유대인 학살 '홀로코스트'에 필적하는 제노사이드(종족 말살)로 본다.[2]

시위, 혁명…독립 이후 우크라이나가 걸어온 길

1989년 독일 베를린 장벽이 무너진 뒤 동유럽 공산국가들에서 반공산당, 반소련, 분리독립 움직임이 폭발적으로 일어나는 가운데, 1991년 8월 24일 우크라이나 의회는 독립선언 법안을 채택했다. 그리고 같은 해 12월 1일에 실시된 국민투표에서 3,000만 명이 독립에 찬성표를 던졌다. 유권자 84퍼센트가 참여했고 찬성률이 92퍼센트가 넘었다. 우크라이나계와 러시아계를 막론하고 독립의 길을 택했다. 소련 또는 러시아의 오랜 그늘에서 벗어나 드디어 독립의 숙원을 이룬 것이다.

우크라이나는 소련에서 러시아 다음으로 큰 공화국이었다. 우

1. 푸틴, 세계를 흔들다

크라이나의 독립은 가뜩이나 휘청거리던 소련에 결정타가 됐다. 우크라이나가 독립하고 20여 일 뒤인 1991년 크리스마스에 미하일 고르바초프가 소련 대통령직을 공식 사임했고, 다음 날 최고 의결기구인 소련 최고회의가 연방을 구성하던 15개 공화국의 독립을 공식 승인했다. 이렇게 해서 한때 미국과 함께 세계 최강국이었던 소련은 역사 속으로 사라졌다.

독립 후 우크라이나의 초대 대통령은 1994년까지 재임한 레오니드 크라우추크다. 그의 후임 레오니드 쿠치마가 10년을 집권한 뒤 2004년에 대선이 치러졌는데, 지역갈등으로 온 나라가 혼란에 빠졌다. 독립 후 자본주의를 도입하기는 했는데 시장경제에 잘 적응하지 못하면서 경제 규모는 20퍼센트나 줄었고, 소련 시절의 공업 시설이 많아 부유한 동부와 친서방 성향이 강한 서부 간의 갈등이 치열해졌기 때문이다.

이 대선에서 동부를 대표한 친러시아파 빅토르 야누코비치와 서부를 대표한 친서방파 빅토르 유셴코가 대결했다. 결과는 49.5퍼센트 대 46.6퍼센트로 야누코비치의 아슬아슬한 승리였다. 하지만 부정선거 증거가 쏟아지면서 국민은 야당을 상징하는 오렌지색 옷과 목도리를 두르고 재선을 요구하는 대규모 시위를 벌였다. 같은 해 12월에 치러진 재선거에서 결국 유셴코가 대통령에 당선됐다. 시민들이 비폭력으로 이뤄낸 이 같은 변화에 '오렌지 혁명'이라는 이름이 붙었다.

그러나 우크라이나의 고난은 여기서 끝나지 않았다. 유셴코가 오렌지 혁명의 동지였던 율리야 티모셴코 당시 총리를 견제하기 위해 덜커덕 야누코비치와 손을 잡은 것이다. 이로 인해 인기가 급락한 유센코 대통령은 2010년 대선 때 1차 투표에서 탈락했고, 2차 투표에서 야누코비치가 승리해 대통령이 됐다. 이로써 오렌지 혁명의 두 주역은 몰락하고 친러시아파가 권력 탈환에 성공했다.

야누코비치는 러시아 흑해함대가 크름반도의 세바스토폴 항구를 소련 시절처럼 이용할 수 있게 해주는 협정에 서명하는 등 친러시아 외교노선을 취했다. 또 유럽연합EU과의 경제협력 협상을 중단하고 러시아가 주도하는 유라시아관세연맹Eurasian Customs Union을 택할 것이라고 발표했다.

대통령의 이 같은 행보에 분노한 시민들은 2013년 11월부터 매일 수도 키이우의 중심에 있는 독립광장에서 유럽연합 가입을 요구하는 평화적 시위를 벌였다. 언론은 이 시위에 '유로마이단Euromaidan'이란 이름을 붙였다. '유럽'을 의미하는 '유로'와 우크라이나어로 '광장'을 뜻하는 '마이단'을 합친 신조어다. 해를 넘기면서 시위는 격화돼 유혈 진압으로도 억누를 수 없었다. 의회가 만장일치로 대통령 탄핵을 의결하자 야누코비치는 자신의 정치 기반인 동부지역으로 도망갔다가 러시아로 망명했다.

그러자 푸틴이 팔을 걷어붙이고 나섰다. 소치 동계올림픽 때만 해도 국제사회의 눈치를 보는 듯하더니, 올림픽이 폐막된 지 불과 나흘 뒤인 2014년 2월 27일 우크라이나 동부의 크름반도 자치정부와 의회를 전격 장악한 것이다. 명분은 크름반도에 있는 러시아 국민 보호였다. 현지 주민들이 러시아를 원한다는 명분도 내세웠다. 같은 해 3월 주민투표에서 96.77퍼센트의 찬성으로 독립이 의결됐고,

뒤이어 크름공화국과 러시아 간의 병합조약이 체결됐다. 3월 26일, 러시아는 결국 크름반도를 자국 땅으로 병합했다. 하지만 우크라이나는 물론 국제사회도 이를 인정하지 않고 있다.

우크라이나 동부의 루한스크주와 돈바스주 일대를 통칭해 돈바스 지역이라 부른다. 러시아의 크름 병합 이후에도 돈바스 일대에서는 정부군과 친러시아 반군 간의 무력충돌이 계속됐다. 2022년 푸틴은 돈바스 지역에서 살고있는 러시아계 주민들이 우크라이나 정부 및 나치를 추종하는 아조우 연대Azov Brigade에 의해 집단학살과 고문을 당하고 있다면서 우크라이나 침공을 정당화했다. 푸틴이 말한 우크라이나의 '비나치화'는 아조우 연대를 염두에 둔 주장이었다. 아조우 연대는 2014년 돈바스 내전 당시 친러 반군에 맞서기 위해 민병대로 출범했으며, 지금은 우크라이나 내무부 산하 국가경비대의 일원으로 편입돼 정규군이 됐다. 정식 명칭은 '아조우 특수작전 파견대'다. 우크라이나는 제2차 세계대전 기간 중 나치의 지원을 받은 일부 민족주의 세력이 유대계와 러시아계 주민들을 상대로 인종청소를 저질렀던 비극적 역사를 가지고 있다. 아조우 연대가 활동 초기에 극우민족주의와 네오나치즘의 색채를 가졌던 건 사실이다.[3] 하지만 현재는 이런 성향이 거의 사라져, 러시아가 내세운 우크라이나의 네오나치 제거 명분은 침략의 구실에 불과한 것으로 받아들여지고 있다.

푸틴이 우크라이나를 포기하지 않는 이유

푸틴만큼 평가가 극명하게 갈리는 국가 지도자도 없다. 국제사회가 바라보는 푸틴은 엄연한 독립국가 우크라이나를 침략한 전쟁 범죄자이다. 전범 재판에 세워야 한다는 주장도 나온다. 그러나 시선을 러시아 내부로 돌리면 정반대이다. 전쟁 발발 후 각종 여론조사에서 푸틴은 꾸준히 높은 지지율을 얻었다. 크름반도를 전격 병합했을 당시에도 푸틴 지지율은 85퍼센트로 치솟았었다. 러시아 국민 대다수가 우크라이나 전쟁을 지지한다는 의미로 해석할 수 있는 대목이다. 우크라이나 사태의 책임은 '미국과 북대서양조약기구(나토)'라고 생각하는 러시아 국민이 많다는 조사결과도 있다. 우크라이나가 아니라 미국 및 나토와의 전쟁으로 본다는 이야기이다.

　　러시아의 여론조사 결과를 모두 믿을 수는 없다 하더라도, 푸틴의 강경노선에 대한 지지도가 꾸준히 높은 수준을 유지하고 있는 것만큼은 분명하다. 러시아 국민은 도대체 왜 푸틴의 우크라이나 침략을 지지할까?

　　푸틴은 우크라이나를 침공하기 전인 2022년 2월 21일 대국민 연설에서 이렇게 말했다. "현대 우크라이나는 러시아, 더 정확하게는 볼셰비키, 그러니까 소련에 의해 완전히 창조됐다. 이 과정은 1917년 혁명 직후에 시작됐다. (소련 최고지도자) 블라디미르 레닌과 그의 동료들은 러시아의 역사적인 영토 일부를 떼어내어 분리했다. 스탈린은 폴란드, 루마니아, 헝가리에 속한 땅 일부를 우크라이나에 붙여 줬다. 1954년 (소련 공산당 서기장) 니키타 흐루쇼프는 크름반도를 떼어내 우크라이나에 줬다. 이것이 오늘날의 우크라이나가 만들어진 과정이다. 우크라이나는 결코 진정한 국가 지위의 전통을 가진 적이 없다." 소련이 해체되고 우크라이나가 독립하는 과정에 대해서는 이렇게 말했다. "러시아는 신생 독립국이 자국의 외국 자산 일부를 포기하는 것을 대가로 소련의 부채를 전액 상환하는 부담을 떠안았는데, 우크라이나는 이와 관련해 1994년 맺은 합의를 비준하지 않았다. 우크라이나는 주권 확립 첫 단계에서부터 우리를 묶는 모든 것을 부정하기 시작했고, 우크라이나에 사는 수백만 주민 전체 세대의 역사적 기억과 의식을 왜곡하려 했다."

푸틴의 말 중 특히 관심이 쏠리는 대목은 크름반도에 관한 것이다. 1954년 흐루쇼프 공산당 서기장이 러시아 소비에트 연방 사회주의 공화국 땅이었던 크름반도를 우크라이나에 양도한 것은 사실이다. 앞에서 언급한 페레야슬라프 협약 300주년을 기념하고 러시아와 우크라이나 간의 우호를 표시하기 위한 조치였다. 하지만 당시엔 우크라이나가 소련의 일부분이었기 때문에 사실상 상징적인 제스처에 불과했다. 1991년 우크라이나가 독립을 선언하고 소련이 붕괴한 후 크름반도는 우크라이나 영토에 포함됐다. 1997년부터 크름반도의 세바스토폴 항구를 장기 임차해 사용해오던 러시아는 2014년 우크라이나의 정치적 대혼란을 틈타 크름을 병합해 버린 데 이어 2021년 침략을 통해 동부 돈바스 지역은 물론 우크라이나 전체를 장악하려는 야욕을 드러내고 있다.

러시아와 우크라이나가 특별한 역사적 관계를 가지고 있는 것은 맞지만, "우크라이나 땅은 우리가 나눠준 것이며, 우크라이나는 러시아가 만들었다"라는 식의 푸틴의 주장은 분명 문제가 있다. 우크라이나를 소련에 강제병합하는 바람에 둘이 한 나라가 된 것인데 '역사적 과거'를 소련 시절로만 한정시킨 것이기 때문이다. 또 과거에 러시아 땅이었다고 해서 지금도 그렇다는 발상은 어불성설이다. 우크라이나 땅에 사는 우크라이나계와 러시아계 모두의 선택으로 독립을 해서 현재 주권국가로 존재하고 있는 것을 부정하고 침략한 행위는 국제법상 엄연한 범죄다.

갈등의 핵심, 우크라이나의 나토 가입 문제

러시아가 우크라이나를 포기하지 못하는 데에는 역사적 이유뿐만 아니라 군사적·지정학적·경제적인 이유도 있다. 무엇보다도 러시아는 긴 국경을 맞대고 있는 우크라이나가 유럽연합과 미국 주도의 군사동맹인 나토에 가입할 경우 엄청난 부담을 떠안게 된다. 러시아가 생각하는 최악의 시나리오다.

나토는 유럽과 북미 31개의 회원국(2023년 10월 현재)이 소속된 정치 및 군사 동맹체이다. 제2차 세계대전이 끝나고 냉전이 격화되던 1949년 탄생했다. 나토의 핵심은 조약 제5조에 명시된 "회원국 한 곳에 대한 무력공격은 전체 회원국에 대한 공격으로 간주한다"는 집단방위 원칙이다. 지금까지 나토가 집단방위 원칙을 발동한 것은 단 한 차례로, 2001년 미국에서 9·11 테러가 발생했을 때다. 당시 나토는 미국이 공격받은 바로 다음 날 즉각 제5조를 발동한다고 선언해 미국과의 연대를 과시했다.

1991년 소련이 붕괴하고 동유럽 국가들이 속속 민주화되면서 나토는 냉전의 유물이라는 평가를 받기도 했지만 꾸준히 회원국을 늘리면서 몸집을 키웠다. 폴란드, 체코, 헝가리를 시작으로 루마니

가입연도	국가명
1949	네덜란드, 노르웨이, 덴마크, 룩셈부르크, 미국, 벨기에, 아이슬란드, 영국, 이탈리아, 캐나다, 포르투갈, 프랑스
1952	그리스, 튀르키예
1955	독일
1982	스페인
1999	폴란드, 체코, 헝가리
2004	루마니아, 라트비아, 리투아니아, 불가리아, 슬로바키아, 슬로베니아, 에스토니아
2009	알바니아, 크로아티아
2017	몬테네그로
2020	북마케도니아
2023	핀란드

나토 회원국 현황

아, 라트비아, 리투아니아 등 구소련 국가들이 속속 가입했다. 2023년에는 군사적 중립을 고수해왔던 핀란드마저 러시아의 우크라이나 침공에 위기를 느끼고 나토의 안보 우산 아래로 들어왔다.

우크라이나는 러시아의 위협을 걱정해 오랫동안 나토 가입을 원해왔다. 2002년 쿠치마 당시 대통령이 나토 가입 의사를 공식 천명한 이후 몇 차례 나토 문을 두드렸다. 2008년 루마니아에서 열린 나토 회원국 정상회의에서 "우크라이나와 조지아는 궁극적으로 나토의 일부가 될 것"이라는 문구가 들어간 '부쿠레슈티 선언문'이 채택되기도 했다. 그러나 나토는 그 뒤 러시아를 자극할지 모를 우크라이나의 가입에 선을 그었고, 버락 오바마 당시 미국 대통령도 우크라이나를 가입시킬 뜻이 없다며 푸틴을 안심시키기에 바빴다. 하지만 러시아가 크름을 병합하고 동부 내전을 부추기자 우크라이나의 입장은 몹시 절박하게 됐다. 2019년 2월 발효된 개정 헌법에는 유럽연합과 나토 가입을 추진한다는 내용이 아예 명문화되었다. 2019년 5월 취임한 볼로디미르 젤렌스키 대통령 역시 나토 가입을 본격적으로 추진하고 있으며 나토도 2020년 우크라이나를 '향상된 기회의 파트너EOP'로 인정했다. 정식 회원국은 아니지만 협력을 유지, 심화하기 위해 부여하는 지위이다. 우크라이나 외에 호주와 조지아, 요르단, 스웨덴 등도 나토의 EOP이며 스웨덴은 가입을 눈앞에 두고 있다.

나토는 러시아와의 전쟁이 끝난 후 우크라이나의 공식 가입절차를 시작하겠다는 입장이다. 전쟁 중인 우크라이나가 회원국에 합류하면 나토가 집단방위 조약에 따라 러시아와 싸워야만 하는데 나토는 물론 미국 역시 매우 부담스러울 수밖에 없다.

러시아는 줄곧 우크라이나의 나토 가입은 자국의 안보를 위협하는 것이라며 반대해 왔다. 푸틴은 1990년 독일 통일 때 미국이 나토가 동쪽으로 '1인치도 나아가지 않을 것'이라 약속한 것을 줄곧 위반해왔다고 주장한다. 당시의 약속은 문서화 되지는 않은 구두 약속으로 알려졌다.

푸틴은 우크라이나 접경지대에 병력을 대거 배치한 뒤 2021년 말 미국에 '안전보장'을 요구했다. 우크라이나를 나토에 가입시키지 않을 것임을 문서 형태로 확약하라고 한 것이다. 하지만 이는 미국이나 나토가 결정하고 약속할 사안이 아니다. 중요한 것은 미국과 러시아의 약속이나 서방의 입장이 아니라, 주권국가인 우크라이나의 시민들이 더 나은 삶의 기회와 안전을 위해 나토와 유럽연합 가입을 바라고 있다는 사실이다. 나토에 들어가든 유럽연합에 들어가든, 결정은 우크라이나인들이 하는 것이며 러시아가 이를 이유로 침공을 하는 것은 어떤 명분으로도 정당화될 수 없다.

'장기전의 늪'에 빠진 우크라이나 전쟁

전쟁 초기만 해도 러시아가 단기간에 전쟁을 끝낼 것으로 예상됐지만 현실은 달랐다. 푸틴은 막강한 화력을 앞세워 개전 사나흘만에 우크라이나 전체를 손에 넣을 수 있다고 자신했던 듯하다. 하지만 서방의 대규모 군사지원을 받은 우크라이나군은 판세를 뒤집는 데 성공했다. 그러나 양측이 일진일퇴를 거듭하면서 전쟁은 장기전의 늪으로 빠져들고 있다. 어느 한쪽도 압도적 우위에 있지 않기 때문이다.

러시아는 2022년 9월 우크라이나 동부 4개 주를 러시아에 병합한다고 선언했다. 2023년 여름 첨단 무기로 무장한 우크라이나가 반격에 나섰으나 러시아에 점령당한 영토의 일부를 탈환하는 데 그쳤다. 전쟁이 길어지면서 양측 모두에서 엄청난 사상자가 나오고 있다. 정확한 통계는 없지만 여러 기관의 추산에 따르면 사상자 수는 전쟁 2년 만에 50만 명에 이른 것으로 추정된다. 난민 수는 1,800만 명에 이르러, 제2차 세계대전 이후 최대 규모를 기록하고 있다.

전쟁이 장기화된 것은 누구도 물러설 수 없는 제로섬 게임이 됐

러시아의 키이우 TV 타워 폭격

기 때문이다. 러시아의 힘과 영광을 회복하겠다고 부르짖는 푸틴은 2024년 대선에서 재집권하기 위해서라도 전쟁에서 이겨야 한다. 특히 이미 병합을 선언한 우크라이나 동부 4개 주는 그에겐 절대로 포기할 수 없는 '전리품'이다. 푸틴은 2023년 6월 자신의 측근이던 용병회사 바그너의 수장 예프게니 프리고진의 충격적인 반란으로 한때 위기를 맞는 듯했지만, 프리고진은 이내 의문의 항공기 추락으로 숨졌다. 미국을 중심으로 국제사회가 경제제재에 나서면서 경제가 흔들리긴 했으나 그럼에도 러시아는 2024년도 국방예산으로 10조 8,000억 루블(약 52조 원)을 책정하며 총력 태세를 과시했다. 러시아 전체 예산의 3분의 1에 해당하는 액수다.

1. 푸틴, 세계를 흔들다

코로나19 팬데믹을 거치면서 물가가 급상승하고 경제는 침체해 몸살을 앓고 있던 각국에 러시아의 우크라이나 전쟁은 치명타였다. 천연가스와 기름값이 치솟았고 밀가루 등 곡물과 생필품 가격이 급등했다. 특히 러시아산 천연가스에 의존해온 유럽 국가들은 직격탄을 맞았다. 유럽연합 통계청에 따르면 전쟁 전 회원국들의 러시아산 천연가스 의존도는 평균 41퍼센트, 원유 의존도는 평균 27퍼센트였다. 유럽 경제를 이끄는 기관차로 불리는 독일은 전체 천연가스 수입량의 절반이 넘는 55퍼센트를 러시아에서 들여왔고, 석유와 석탄도 각각 35퍼센트, 50퍼센트 이상을 러시아에서 사 왔다.

천연가스와 원유를 대량으로 수송하는 방법은 두 가지다. 첫 번째는 액화천연가스LNG 형태로 대형 선박에 실어 옮기는 것이다. 하지만 배는 실을 수 있는 양이 한정적인 데다 수송 비용이 많이 들어간다. 두 번째는 파이프라인, 즉 가스관을 육로로 이어 보내는 것이다. 건설비는 많이 들지만 한번 만들어 놓으면 장기간 이용할 수 있고, 무엇보다 많은 양을 신속하게 공급할 수 있다.

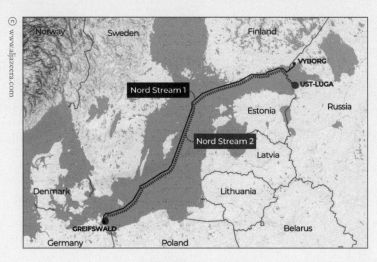

러시아가 건설한 파이프라인

　　러시아는 자국에서 생산되는 풍부한 천연가스과 원유를 유럽과 아시아에 수출하기 위해 오래 전부터 파이프라인 건설에 공을 들여왔다. 우크라이나-벨라루스-폴란드-독일을 통과하는 드루즈바(러시아어로 '우정'이란 뜻) 송유관과 소유스 가스관, 역시 우크라이나를 관통하는 블루스트림 가스관, 우크라이나를 거치지 않는 야말-유럽 가스관 등 수많은 파이프라인이 빽빽하게 유럽 땅에 깔려 있다. 푸틴은 우크라이나를 포함해 다른 유럽 국가들과 관계가 나빠질 때마다 파이프라인 차단을 외교적·정치적 무기로 삼았고, 바로 여기서 '파이프라인 정치학'이란 표현이 나왔다.

　　러시아는 유럽 내륙을 거치지 않는 해저 파이프라인도 건설했다. 발트해 부근에서 생산한 천연가스를 해저 파이프라인을 통해 바로 독일에 보내는 노르트스트림 1을 2011년 개통했고, 추가로

2021년에 노르트스트림 2를 완공했다. 가스관을 소유, 운영하는 회사는 러시아 국영 가스회사인 가스프롬Gazprom으로 51퍼센트의 지분을 가지고 있다. 나머지 지분은 독일, 프랑스, 네덜란드 등의 회사들이 갖고 있다. 노르트스트림 2는 총 길이 1,225킬로미터로 건설하는 데 5년이 걸렸고 비용은 110억 달러가 들었다. 원래 계획대로라면 연간 550억 입방미터의 가스를 이 파이프라인을 통해 유럽으로 수송하게 될 터였다. 가스프롬 측은 연간 150억 달러 이상을 벌어들일 수 있을 것으로 평가해왔다.

노르트스트림 2는 완공 전부터 국제사회의 논란거리였다. 푸틴과 친하기로 유명한 게르하르트 슈뢰더 전 독일 총리가 가스관 프로젝트의 거간꾼 역할을 했고 독일 기업들뿐 아니라 유럽 여러 나라 기업들이 투자를 했다. 그러나 미국, 영국 등은 반대했다. 미국 도널드 트럼프 정부는 누차 중단을 요구했으며 이 사업에 관여한 유럽 기업들도 제재하겠다고 압박했다. 독일 안에서도 화석연료 사용을 줄이자고 주장해온 녹색당이나 러시아 의존도를 낮추기를 바라는 이들은 반대했다. 우크라이나는 당연히 반발했다. 볼로디미르 젤렌스키 우크라이나 대통령은 이 가스관을 "위험한 지정학적 무기"라고 표현하기도 했다.

2021년 집권한 조 바이든 미국 대통령은 공사가 거의 다 마무리된 상황이라는 점과 유럽 동맹국들의 입장을 고려해 파이프라인 가동을 허용했지만, 러시아의 우크라이나 침공 이후 제재로 돌아섰다. 2022년 9월 덴마크와 스웨덴의 배타적 경제수역(EEZ) 내에 설치된 노르트스트림 1과 노르트스트림 2 가스관 4개 중 3개에서 갑

자기 폭발이 발생해 가스가 대량으로 누출됐다. 당시 두 파이프라인은 전쟁으로 가동되지 않고 있었다. 사고냐, 의도적인 폭발이냐를 두고 온갖 설이 쏟아졌지만 정확한 내막은 가려지지 않았다. 미국과 우크라이나 정부는 모두 배후설을 일축했다.

연표 〉〉 우크라이나 독립부터 전쟁까지

1991년	12월 1일 우크라이나, 국민투표로 독립 가결.
1991년	12월 1일 레오니드 크라우츠크, 초대 대통령 선출.
1994년	2월 나토와 파트너십 체결.
	7월 레오니드 쿠치마 대통령 취임.
	12월 러시아, 미국, 영국이 '핵 포기'를 대가로 우크라이나의 안전을 보장한 '부다페스트 각서' 체결.
1996년	6월 28일 새 헌법 비준.
1997년	7월 쿠치마, 나토와 '특별한 파트너십' 구축을 담은 문서에 서명.
1999년	12월 국립은행장 출신 빅토르 유셴코 총리 취임.
2000년	9~10월 정부의 부정부패에 항의하는 대규모 시위 발생.
2004년	9월 유셴코가 대선 유세 중 다이옥신 독극물 공격을 당함.
	11월 대통령 선거 부정에 항의하는 '오렌지 혁명' 발생.
	12월 대선 결선 재투표에서 친서방 유셴코 당선.
2006년	1월 옛 소련권의 잇달은 시민혁명 뒤 러시아가 가스관을 잠금.
2008년	4월 나토 정상회의, 우크라이나의 가입을 연기하기로 결정.
	8월 러시아, 친서방 노선을 택한 조지아 침공.
	9월 우크라이나, 유럽연합과 협력 협정 논의를 시작하고 코뮈니케 채택.
2010년	2월 친러시아파 야누코비치, 대통령에 당선.
2013년	11월 야누코비치가 유럽연합과의 경제협력 협상을 중단한다고 발표한 뒤 '유로마이단' 반정부 시위가 시작됨.
2014년	2월 키이우에서 경찰이 시위대를 진압해 수십 명 사망. 의회에서 탄핵된 야누코비치는 러시아로 망명함.
	3월 러시아군, 크름반도 장악. 크름자치의회의 주민투표를 근거로 러시아가 크름반도를 병합함.
	4월 우크라이나 정부군과 동부 분리주의 세력 간의 무력 충돌 격화.
	5월 친서방 페트로 포로셴코 대통령 당선.
	9월 5일 동부 내전을 중단시키기 위한 민스크 협정 체결.
2015년	2월 2차 민스크 협정 체결.
2019년	2월 의회, 유럽연합과 나토 가입 목표를 명문화한 개헌안 가결.
	4월 볼로디미르 젤렌스키 대통령 당선.
2021년	3~4월 러시아, 우크라이나 국경 인근에 10만 병력과 군 장비 집결.
	6월 푸틴-바이든 정상회담.
	7월 푸틴, '러시아와 우크라이나의 역사적 단결에 대하여' 글 발표.
	10~12월 러시아, 국경 지대에 또다시 병력 증강.

2022년	2월 12일 미국, 폴란드에 미군 병력을 증강하고 우크라이나 주재 대사관과 미국인들 철수 지시.
	2월 22일 푸틴, 우크라이나 동부 루한스크와 도네츠크(돈바스)의 '독립'을 승인하고 러시아 군 진입 명령.
	2월 24일 러시아군, 우크라이나 침공.
	9월 30일 푸틴, 우크라이나 동남부 4개 주 병합 선언.
2023년	6월 우크라이나, 대공세 개시.
	6월 16일 푸틴, 벨라루스에 전술 핵무기 배치 완료 선언.
	6월 24~25일 러시아 용병조직 바그너그룹의 무장반란.
	8월 23일 바그너 수장 예브게니 프리고진, 비행기 추락사고로 사망.
	10월 15일 푸틴, "우크라이나의 대공세는 실패" 주장.

1. 푸틴, 세계를 흔들다

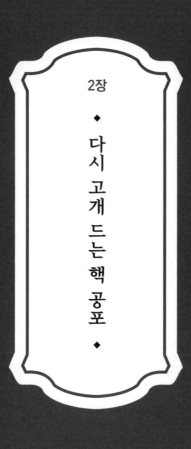

2장

◆

다시 고개 드는 핵 공포

◆

세계 최대 핵탄두 보유국인 러시아는 2023년 6월 우크라이나와 이웃한 벨라루스에 전술 핵무기 첫 인도분 배치 작업을 완료했다. 벨라루스는 소련으로부터 독립한 이래로 알렉산드르 루카셴코의 지배를 받아왔다. 한때 서방과 협력하기도 했던 루카셴코는 독재가 길어지면서 국민의 저항에 부딪치자 러시아 쪽으로 돌아서, 러시아군의 주둔을 다시 허용하고 핵무기까지 배치할 수 있게 하는 내용의 개헌을 추진했다. 개헌안은 우크라이나 전쟁이 시작되자마자 벨라루스 의회에서 통과됐다.

그리고 나서 러시아의 전술핵 배치가 실제로 이뤄졌다. 러시아의 핵무기가 해외에 배치된 것은 27년 만의 일이었다. 러시아는 옛 소련권에 흩어져 있던 핵무기의 러시아 이전을 1996년에 마무리지은 바 있다. 루카셴코는 벨라루스에 배치된 러시아 핵무기의 위력이 1945년 일본 히로시마와 나가사키를 강타한 핵폭탄의 3배라면서,

"푸틴의 전화 한 통화면 바로 우크라이나를 향해 핵무기를 쏠 수 있다"고 주장하기까지 했다.[4]

'핵 카드' 꺼내든 푸틴

푸틴은 우크라이나 전쟁을 시작한 이후 고비가 생길 때마다 핵무기를 사용할 수 있다고 위협했다. 2022년 말 러시아 서남부 국경 근처 공항이 우크라이나 드론의 공격을 받자 그는 "핵무기를 방어 수단이자 잠재적 반격 수단으로 간주한다"[5]고 말했다. 이듬해 10월에는 신형 핵 추진 대륙간 순항미사일 부레베스트닉 9M730의 시험 발사에 성공했고, 차세대 핵무기인 대륙간 탄도미사일 사르마트 RS-28 시스템을 거의 완성했다고 자랑하기도 했다. 핵실험을 재개할 수 있다는 대통령의 발언에 화답하듯, 러시아 의회는 2023년 10월 포괄적 핵실험 금지조약CTBT 비준안을 철회하는 법안을 통과시켰다.

CTBT는 1996년 유엔 총회 결의에 따라 마련된 국제 핵 비확산 체제의 여러 안전장치 가운데 하나다. 지상과 수중, 지하 등 모든 곳에서 핵폭발 실험을 금지하는 것이 핵심이다. 미·러·영국·프랑스·중국 등 공식적으로 핵무기를 보유한 5개국을 비롯해 원자력 발전 기술 등을 보유한 44개국이 서명과 비준까지 마쳐야 발효된다. 44개국 중 한국(1999)과 러시아(2000)를 비롯한 36개국이 비준했지만 미국과 중국, 인도 등 8곳은 아직도 비준을 하지 않고 있다. 북한은 서명과 비준 모두를 거부하고 있다.

우크라이나는 핵과 인연이 깊은 국가이다. 소련으로부터 독립하기 전 우크라이나에는 176개의 핵미사일과 1,800여 기의 핵탄두가 배치돼 있었다. 이 같은 보유량은 당시 세계 3위 수준이었다. 우크라이나 정부는 1994년 12월 핵무기를 러시아에 돌려주는 대신 경제 지원과 안전보장을 받는 것을 골자로 한 '부다페스트 각서'에 서명했다. 서명국은 소련 시절부터 핵무기를 가지고 있었던 우크라이나와 벨라루스, 카자흐스탄 등 3개국과 러시아, 미국, 영국이었다. 이에 따라 옛 소련권 세 나라는 2년 뒤 비핵화 작업을 마무리했다.

2014년 동부 돈바스에서 내전이 일어나고 러시아가 크름반도를 합병했을 당시 우크라이나 정부는 부다페스트 각서에 명시된 안전보장 조항을 위반한 것이라며 강하게 반발했다. 하지만 조약이나 협정처럼 법적 구속력이 없는 각서는 국제사회에서 별 힘이 되지 못한다는 냉혹한 현실만 확인했을 뿐이었다.

핵무기가 아니더라도 우크라이나에서 심각한 핵 위기가 발생할 가능성은 또 있다. 바로 원자력발전소다. 우크라이나 최대 원자력발전소인 자포리자 원전이 폭격을 받아 폭발할 경우 또다시 끔찍한 재앙이 벌어질 수 있기 때문이다.

가압경수로PWR 6기가 있는 자포리자 원전은 세계 10대 원전 중 한 곳으로 유럽에서는 가장 큰 규모이며, 우크라이나가 사용하는 전력의 4분의 1을 공급했다. 전쟁 기간 러시아가 자포리자를 공습하자 국제사회는 원전 폭발의 위험성을 강력히 경고했다. 자포리자의 원자로들은 2022년 9월 중순부터 모두 가동이 멈춘 상태이다. 문제는 원자로 가동을 중단해도 냉각시스템은 계속 유지해야 한다는 점이다. 냉각시스템에 전기를 제대로 공급하지 못하면 원자로가 과열돼 방사성 물질이 누출될 수 있다. 만약 폭발이라도 하면 체르노빌 원전 폭발 때의 10배가 넘는 피해가 초래될 수 있다는 예측도 있다.

체르노빌, 우크라이나의 끝나지 않은 악몽

1986년 폭발한 우크라이나 북부의 체르노빌 원전은 소련이 우크라이나에 세운 첫 원전이자, 소련 전체에서 세 번째로 지어진 RBMK(흑연감속 비등경수 압력관형 원자로)형 원전이었다. RBMK는 흑연을 감속재로 사용하는 원자로로, 소련이 핵무기 원료인 플루토늄 생산을 목적으로 개발한 것으로 알려져 있다. 원자로를 가동하는 중에도 연료를 교체할 수 있다는 장점이 있는 반면, 다른 유형의 원자로에 비해 안정성이 떨어진다는 단점이 있다. 미국도 RBMK 원자로가 여러 개 있었지만 체르노빌 사고 이후 모두 가동을 중단했다. 그러나 러시아는 여전히 11기를 운용하고 있다.

체르노빌에는 총 4기의 원자로가 있었다. 1977년 1호기를 시작으로 1978년 2호기, 1981년 3호기, 1983년 4호기를 가동했다. 이 원전이 사고 전 우크라이나 전체 전력 수요량의 10퍼센트를 공급했다고 하니 얼마나 중요한 시설이었는지 짐작할 수 있다.

폭발이 일어난 것은 4호기였다. 정기 점검 중에 기술자들의 실수가 있었고, 원자로의 출력이 통제를 벗어나 정상 출력의 100배에 가까운 30만 메가와트까지 상승하면서 폭발한 것으로 추정된다. 그러나 근본 문제는 소련 체제의 경직성 자체에 있었다.[6] 참사 30주년인 2016년 기자회견에서 전문가들은 원자로 자체의 문제점과 공산당의 무리한 요구가 폭발 사고의 진짜 원인이라고 주장했다. 특히 약 1년 동안 사고 수습을 지휘했던 이고르 오스트레초프는 1975년 레닌그라드 원전에서도 비슷한 사고가 발생해 RBMK의 문제점이 지적됐었는데도 아무런 조치를 취하지 않다가 체르노빌 참사가 발생했다고 개탄했다.[7] 사고 뒤 소련 정부의 사고조사위원장을 맡았던 블라디미르 코마로프는 공산당 중앙위원회 간부가 원전 책임자에게 가동률을 무리하게 높이라는 지시를 한 것이 사고로 이어졌다고 주장했다.

체르노빌 폭발 사건은 주변 100개 마을을 거주 불능의 폐허로 만들었다. 인근 12개 주 2,000여 개 마을은 물론 유럽의 전 지역이 방사성 물질의 피해를 입었다. 당시 지상에 떨어진 방사성 물질의 양은 히로시마에 투하된 원자폭탄보다 무려 400배나 많았다. 이 사건은 2011년 일본 후쿠시마에서 도쿄전력 핵발전소 사고가 나기 전까지 국제원자력사고등급INES[8]에서 '레벨 7'로 지정된 유일한 사례였다. INES는 국제원자력기구IAEA가 핵 관련 사고의 심각성 정도를 일반에게 알리기 위해 최하 레벨 0부터 최고 레벨 7까지 부여하는 등급으로, 레벨 7은 '방사성 물질 대량 유출 사태'가 발생한 경우를 의미한다.

체르노빌 4호기는 폭발과 화재로 완전히 파괴됐지만 1~3호기는 계속 가동되다가 1991년부터 2000년까지 순차적으로 가동이 중단됐다. 4호기엔 현재 방사성 물질을 차단하는 거대한 아치형의 차폐 구조물이 설치돼 있다. 1~3호기 해체 작업은 2064년에야 완료될 예정이다. 원전을 중심으로 반경 30킬로미터는 여전히 거주 금지 지역이지만 극소수 주민들이 다시 들어가 살고 있다.

체르노빌은 2022년 전쟁 초기에 러시아군에 점령됐다가 4월에 우크라이나군이 되찾았다. 러시아군이 점령했을 당시 일부 병사들이 방사능 폐기물 저장소에서 오염된 코발트-60을 맨손으로 만졌다가 심하게 피폭돼 벨라루스로 후송됐다는 뉴스가 나온 것을 보면, 여전히 위험한 지역인 것은 틀림없다.

세계의 핵무기, 누가 얼마나 갖고 있을까

냉전이 끝난 뒤 핵무기 감축에 진전이 있었던 것은 사실이다. 그럼에도 불구하고 미국과학자연맹Federation of American Scientists(FAS)[9]에 따르면 여전히 전 세계의 핵탄두 비축고는 '매우 높은 수준'이다. '높은 수준'은 무엇을 뜻하는 걸까? 정확히 말하자면, 이 핵탄두들을 놓고 많다 적다를 표현하는 것은 의미가 없다. 이 중 극히 일부만 가지고도 지구상 모든 인류를 없앨 수 있기 때문이다.

미국과학자연맹의 집계를 보면 2023년 초를 기준으로 9개국이 약 1만 2,500개의 핵탄두를 보유하고 있다. 그중에서 미국과 러시아가 보유한 것이 전체의 약 89퍼센트다. 러시아가 5,889개로 미국의 5,244개보다 조금 많다. 중국은 410개, 프랑스 290개, 영국 225개 순이다. 유엔 안보리 상임이사국이기도 한 이들 다섯 나라는 국제 핵확산방지 체제에서 핵 보유를 '공인'받은 것으로 되어 있다.

2023년 세계 핵탄두 추정 재고

5개국 이외에 사는 나머지 다른 인류의 허락은 없었지만 말이다.

　그 외 국가들의 핵탄두 보유량을 보면 파키스탄 170개, 인도 164개, 이스라엘 90개 순이다. 북한은 30개 정도를 확보한 것으로 추정됐다. 파키스탄과 인도는 스스로 핵 보유를 인정하고 있다. 이스라엘은 '확인도 부인도 하지 않는' 이른바 NCND Neither Confirm Nor Deny 정책을 고수하고 있으나 사실상 미국의 허락 아래 핵보유국으로 인정 아닌 인정을 받고 있다.

　1986년 약 7만 300개로 정점을 찍었던 세계의 핵무기 수는 냉전 이후 크게 줄었다. 특히 미국과 러시아의 핵 보유량과 비교해 보면 나머지 핵보유국들이 가진 탄두 수는 적다. 하지만 과학자들이나 군사전문가들은 이들이 핵무기 비축량을 늘리려 하고 있다 우려한다. 세계 전체로 봤을 때 핵무기 비축량이 줄어드는 추세라고는 해도 냉전이 끝난 직후인 1990년대와 비교했을 때 감소 속도가 느려지고 있다는 것이다. 게다가 탄두 숫자가 줄어든 것도 거의 다 미국과 러시아가 낡은 핵탄두들을 해체했기 때문이며 나머지 나라들에서는 핵 폐기가 거의 이뤄지지 않고 있다.

또한 전체 핵무기 '재고'가 줄어드는 상황에서도 작전 부대에 배치된 탄두 숫자는 늘고 있다. 이렇게 늘리고 있는 나라로 미국과학자연맹은 중국, 인도, 북한, 파키스탄, 영국, 러시아를 꼽았다. 이 기구의 추산으로는 1만 2,500개의 핵탄두 중 9,576개가 미사일, 항공기, 선박, 잠수함에서 사용하기 위해 군 비축용으로 보관돼 있다. 나머지는 이미 폐기된 상태이지만 아직 완전히 해체되지 않은 채 쌓여 있다. '사용 가능'한 9,576개 가운데 미사일이나 폭격기 기지에 배치된, 즉 작전 병력에 포함된 것은 3,804개다. 이 가운데 약 2,000개는 미국, 러시아, 영국, 프랑스가 유사시 언제라도 쓸 수 있도록 '고도의 경계high alert' 상태로 배치해놓은 것들이다. 게다가 핵보유국들 모두 핵무기를 현대화하는 데 주력하고 있고, 일부는 새로운 유형을 추가하거나 국가안보전략에서 핵무기의 역할을 강화하고 있다.

각국이 보유한 핵무기의 정확한 수는 국가 기밀에 속하기 때문에 추정치일 뿐이다. 2010년부터 2018년까지 미국은 핵탄두 총 비축량을 공개했는데 2019년 도널드 트럼프 행정부가 비공개로 돌려버렸다. 2020년 바이든 행정부는 '핵 투명성'을 회복한다고 발표했으나 2021년과 2022년의 비축량 데이터 공개를 거부했다. 영국 역시 냉전이 끝난 뒤 핵탄두량을 공개하던 관행을 뒤집고 2021년에 작전 비축량을 더이상 밝히지 않겠다고 선언했다. 우크라이나 전쟁으로 미국과 러시아의 대립이 심해지고 핵 공포가 커진 2023년 미국과 러시아는 그동안 신전략무기감축협정에 따라 그간 공유해오던 전략 탄두 배치량과 발사체 데이터를 교환하지 않기로 결정했다.

3장

◆

차이콥스키의 고향
미사일의 도시가 된

러시아 중서부, 모스크바 동쪽 우랄산맥과 이어진 구릉 지대에 우드무르트가 있다. '초원의 사람들'이라는 말에서 나온, 러시아 연방 안의 작은 공화국이다. 봇킨스크는 그 우드무르트 공화국에 있는 도시다. 인구가 10만 명도 채 안 되는 소도시이지만 차이콥스키의 고향으로 유명하다. 1840년 차이콥스키가 태어난 집은 세계적인 작곡가를 기리는 박물관이 됐다. 그러나 이제 이곳은 차이콥스키의 도시가 아닌 '미사일의 도시'로 더 유명하다.

봇킨스크의 역사는 쇠와 함께 시작됐다. 도시보다 제철소가 먼저 생긴 곳인 까닭이다. 18세기 중반 우랄산맥의 철광 부근 숲이 고갈되자, 제정 러시아는 제철산업을 새로 키울 중심지로 봇킨스크를 골랐다. 철광과 멀지 않고, 아직 숲이 많이 남아있는 데다 근처에 카마강이 흐르고 있기 때문이었다. 예카테리나 2세 시절부터 이곳 제철소들은 군함용 닻을 만들었고 한때는 러시아 전체 선박용 닻의 60

퍼센트 이상을 생산했다. 배도 만들고 기계도 만들었다. 시베리아 횡단철도가 생긴 뒤로는 증기기관차도 만들었다. 차이콥스키의 아버지 일리야 페트로비치도 이곳 제철소의 엔지니어였다.

제국의 선박 공장에서 미사일 기지로

제국 말기에 내전이 벌어지면서 공장들은 쇠락했으나 제2차 세계대전 때 소련 무기산업의 중심으로 거듭났다. 닻과 기차와 탱크를 거쳐 미사일 생산기지가 된 것은 1957년부터다. 소련 공산당 중앙위원회가 이 도시를 탄도미사일 생산기지로 선정한 것이다. 사거리 150킬로미터의 단거리 미사일 8A61을 시작으로 9M76 전술 미사일, 소련의 첫 고체연료 미사일인 TR-1 템프, SS-16 시너 대륙간탄도미사일 등이 줄줄이 생산되었다. 그러다가 냉전이 끝났고 무기 공장들은 한물가는 듯했다. 그러나 봇킨스크는 블라디미르 푸틴 대통령 집권 뒤로 제2의 부흥기를 맞았다. 2006년부터는 9K720 이스칸데르 미사일 대량생산이 시작됐다.

냉전, 군비경쟁, 러시아, 우크라이나 전쟁 그 뒤에는 언제나 봇킨스크의 미사일들이 있었다. 예를 들어 RT-2PM 토폴은 옛 소련 시절 개발해 러시아 전략미사일 부대에서 운용 중인 이동식 대륙간탄도미사일이다. 2014년 3월 크름반도를 병합한 러시아가 카스피해 부근에서 카자흐스탄으로 이 미사일을 시험 발사했다는 보도가 나왔고, 크름 위기와 맞물려 서방과 러시아의 갈등을 증폭시켰다.

그러니 봇킨스크가 푸틴의 각별한 관심을 받은 것도 놀랍지는 않다. 튀니지에서 시작된 '아랍의 봄' 시민혁명이 2011년 3월 이웃한 리비아로 번졌을 때의 일이다. 미국과 프랑스 등 서방이 개입해 리비아의 반정부 진영을 지원했다. 푸틴이 헌법의 대통령 3연임 금지 규정 때문에 대통령을 연임한 뒤 잠시 크렘린을 나와 총리를 하고 있던 시절이었다.

당시 대통령 드미트리 메드베데프는 유엔 안전보장이사회에서 리비아 독재정권의 손발을 자르는 국제사회의 군사개입에 이례적으로 찬성을 해줬다. 이를 들은 푸틴은 메드베데프에게 몹시 화를 냈고, 시위하듯 봇킨스크의 미사일 공장을 찾아가 연설하면서 리비아 공습을 '십자군 전쟁'이라 맹비난했다. 하지만 푸틴의 옹호는 별반 효과가 없었다. 카다피 정권은 봇킨스크에서 생산된 R-17 미사일로 자국민과 맞섰지만 끝내 패했고 독재자 무아마르 카다피는 사막에 묻혔다.

다시 이 도시에 관심이 쏠린 것은 우크라이나 전쟁 때문이다. 우크라이나를 침공한 지 1년 2개월가량 지난 2023년 5월 초, 러시아의 세르게이 쇼이구 국방장관은 무기공급이 '특별군사작전'에 결정적이라면서 미사일 생산량을 두 배로 늘릴 것을 방위기업들에 지시했다.[10]

이미 전쟁 첫해가 지나기도 전부터 영국 군사정보기관 등은 러시아의 무기 부족을 얘기했다. 우크라이나 국방부 장관은 2022년 11월 소셜미디어에 도표까지 올리면서 러시아의 이스칸데르 미사일과 Kh-101, Kh-555 미사일이 떨어져 가고 있다고 주장했다. 이듬해 초 우크라이나 국방부 정보국은 "러시아에는 대규모 공격을 세

번 감행할 정도의 미사일만 남아 있다"고 분석했다. 그러나 이는 섣부른 예측이라는 지적이 나왔다. 우크라이나 언론인『키이우 인디펜던트』조차 "러시아의 미사일 비축량을 아는 것은 러시아뿐"이라며 "우크라이나 정부의 추정치는 검증되지 않았다"고 보도했다. 미국 싱크탱크 전략국제문제연구소CSIS도 2023년 6월 "러시아의 미사일 비축량은 떨어지지 않았다"고 평가했다.[11]

러시아의 무기고는 얼마나 차 있을까

전쟁의 향방은 결국 러시아의 무기고가 언제 비느냐에 달려 있다. 무기가 모자라는 징후가 없지는 않다. 대함 미사일 Kh-22나 S-300 같은 대공 미사일을 용도 변경해 지상 공격에 쓰고 있는 것, 공습을 하면서 탑재체가 없는 구형 Kh-55 순항미사일을 발사한 사례, 2023년 3월과 5월에 극초음속 탄도미사일 '킨잘'을 동원한 것 등등이 무기가 넉넉하지 않다는 신호로 해석됐다.

킨잘은 이스칸데르를 공중발사용으로 변형시킨 것으로, 핵탄두를 탑재할 수 있다. 대기권 상공에서 시속 약 6,200킬로미터로 움직이며 레이더 시스템을 피해간다. 사거리가 1500~3000킬로미터로 길고 전투기를 이용해 여러 방향에서 공격할 수 있기 때문에 탐지가 특히 어렵다. 푸틴은 "음속의 10배까지 낼 수 있는 이상적인 미사일"이라며 러시아 무기 현대화의 상징으로 자랑한 바 있다. '단검'이라는 뜻의 이름처럼, 킨잘은 유럽을 위협하는 러시아의 비수로 여겨져 왔다. 하지만 우크라이나 공격에 쓰기에는 한마디로 스펙이

과하다. 재래식 미사일이 모자라 킨잘까지 꺼내 들었다는 분석이 나왔던 것은 그 때문이었다.

러시아의 무기고가 당장 비어가고 있는 것은 아니지만, 장기전으로 끌고 가거나 전면적이고 대대적인 공격으로 옮겨가기에는 충분하지 않다는 것에 대부분 전문가들의 분석이 일치한다. 영국 런던에 있는 무기 감시단체 분쟁군비연구소CAR가 러시아 미사일을 수거해서 분석해보니, 생산한 지 불과 몇 달밖에 안 된 Kh-101이 확인됐다.[12] 군사전문가들은 러시아의 무기 비축이 줄고 있음을 보여주는 징후로 해석했다. 이란산 공격용 드론이 늘어난 것도, 러시아군이 순항미사일 대용으로 쓰고 있기 때문으로 풀이됐다. 미국의 군축전문 싱크탱크 '위스콘신 프로젝트'는 우크라이나 침공 초기 러시아가 단기간에 승리를 거두기 위해 미사일에 의존했으나 전쟁이 소모전으로 바뀌면서 비축량이 줄어, 정확도가 떨어지는 소비에트 시대의 무기를 더 많이 사용하게 된 것으로 분석한다.[13]

중요한 것은 생산능력이다. 미국 웹사이트 『롱워저널The Long War Journal』은 Kh-101 미사일의 경우 러시아가 '나흘에 한 기씩' 생산할 수 있는 것으로 추정했다.[14] 제임스타운재단은 러시아가 오닉스, 칼리브르, Kh-101, 9M729, Kh-59 순항미사일과 이스칸데르-M 탄도 미사일 등을 합쳐 연간 총 225기를 생산할 수 있는 것으로 분석했다. 이 중 상당수는 무기회사 라두가와 KTRV(전술미사일 회사)가 생산한다.

2023년 2월에는 국가안보회의 부의장을 맡고 있는 메드베데프가, 3월에는 쇼이구 국방장관이 미사일 공장들을 찾아가 생산을 독려했다.[15] 쇼이구는 이스칸데르와 부크, 칼리브 등등을 생산하는 러시아 최대 미사일 생산기관 노바토르NPO의 공장을 찾아가 고정밀 무기 생산을 두 배로 늘리라고 지시하면서 "어려울 수 있겠지만 불가능하지는 않을 것"이라고 했다. 이 공장은 전쟁 개시 후 3교대로 24시간 인력을 돌리고 있다.

그다음 가는 시설이 봇킨스크의 미사일 공장이다. 이스칸데르, 야르스 탄도미사일과 핵잠수함용 불라바 탄도미사일을 생산하는 JSC봇킨스크는 원래 국영기업이었지만 2010년 푸틴이 국방개혁에 나서면서 민영화했다. 민간기업이 된 이 회사는 2020년만 해도 수지타산이 안 맞아 주4일 근무제를 도입하고 직원들을 정리해고했는데 전쟁이 시작되자 500여 명을 재고용한 것으로 전해졌다.

세계의 전쟁에 사용된 러시아의 미사일

봇킨스크의 대표 미사일은 흔히 '토치카'로 불리는 OTR-21이다. 1975년부터 배치된 탄도미사일로, 한때는 동독에도 공급됐다. 1990년대 러시아는 자국 내 체첸 자치공화국의 분리주의자들을 탄압하면서 이 미사일을 퍼부은 바 있다. 러시아군은 2008년 조지아의 남오세티야 지역에서도 반러 진영을 토치카로 폭격했다. 2015~2016년에는 이 미사일이 내전이 격화된 시리아에서 독재정권의 무기로 등장했다. 2020년 옛 소련에서 갈라져 나온 중앙아시아의 아제르바이잔과 아르메니아가 영토분쟁으로 충돌을 빚었을 때는 토치카가 아르메니아의 무기로 이용됐다.

토치카 미사일

우크라이나 전선에서 토치카는 러시아, 우크라이나 양쪽 모두의 무기로 쓰이고 있다. 2022년 2월 러시아의 공격이 시작되자 곧바로 반격에 나선 우크라이나는 토치카-U 미사일을 발사해 러시아군 수호이 전투기를 떨어뜨렸다. 루한스크에서는 러시아군의 토치카가 아동병원을 타격해, 전쟁범죄라는 비난을 받았다.[16] 우크라이나 항구도시 베르 스크에서 러시아 군함 사라토프를 침몰시킨 것도, 돈바스의 크라마토르스크 기차역에 떨어져 민간인 52명의 목숨을 앗아간 것도 모두 토치카 미사일이었다.

봇킨스크에서 태어난 미사일 중에 역사의 유물이 된 것도 있다. 한때는 핵미사일의 대명사였던 RSD-10 파이오니어다. 이 미사일은 옛 소련 시절 총 654기가 만들어졌는데 냉전 말기에 미국과 소련 간에 중거리핵전력조약INF이 체결됨에 따라 1991년 폐기됐다. 군

축을 기념하기 위해 15기는 남겨뒀는데 그중 하나는 키이우에 보관
돼 있다. 냉전의 흔적을 기념관으로 보냈던 우크라이나가 30여 년
지나 '신냉전'이라 불리는 다툼에 휘말려 전쟁터가 됐다는 것은 아
이러니다.

'미 해군의 스위스 아미 나이프.'

미군 구축함 로스 호가 2021년 6월 말 우크라이나 남서부 항구 오데사에서 출항해 흑해에서 군사훈련을 벌였다. 이지스 방공시스템을 탑재한 순항미사일 구축함 로스 호는 1997년 취역해 지중해와 아드리아해, 발트해 등에서 활동해온 전함이다. 로스 호가 흑해에 닿자 볼로디미르 젤렌스키 우크라이나 대통령은 미국 독립기념일인 7월 4일에 맞춰 이 배에 승선해 미국과 우크라이나의 우호 관계를 치하했다. 로스 호의 함장은 미국 언론과 인터뷰할 때 군함을 소개하면서 적들의 함정과 전투기와 잠수함들까지 막아낼 수 있다며 '스위스 아미 나이프'라는 표현을 썼다.[17] '스위스 아미 나이프'는 흔히 우리가 '맥가이버 칼'이라 부르는 다용도 주머니칼을 가리킨다.

로스 호는 당시 흑해에서 벌어진 합동군사훈련 '시 브리즈Sea Breeze 2021'에서 기함 역할을 맡은 배였다. '시 브리즈'는 1997년부터 유럽 작전을 담당하는 미 해군 6함대와 우크라이나 해군이 공동 주최해온 해상군사훈련으로, 이 해에는 6월 말부터 13일 동안 이

미군 구축함 로스 호

어졌다. 수륙양용작전, 육상 기동전, 잠수전, 해상방어, 방공전, 대잠수함전, 수색구조작전 등 전방위로 이뤄진 당시 훈련에는 역대 최다 국가가 참가했다. 6대륙 32개국 함정 32척과 항공기 40여 대, 18개 특수작전팀과 총 병력 5,000여 명이 투입됐다. 나토 회원국뿐 아니라 한국, 호주, 브라질, 이집트, 이스라엘, 세네갈 등도 끼었다.

러시아가 우크라이나를 침공한 배경에는 제국주의적 야심이 깔려 있으며, 무력으로 다른 주권국가의 영토를 병합하고 민간인들까지 대량살상한 것은 명백한 전쟁범죄다. 블라디미르 푸틴의 전쟁범죄 책임을 미국과 나토에 뒤집어씌울 수는 없다. 하지만 미국을 비롯한 서방이 러시아를 포위하는 듯한 분위기를 만들고 대대적인 군사훈련으로 세력을 과시한 것 또한 부인할 수 없는 사실이다. 시브리즈 훈련은 '미국과 그 동맹들'이 세를 과시한 대표적인 위협용

제스처였다.

　러시아는 2014년 크름반도를 병합함으로써 이곳에 위치한 흑해함대의 모기지 세바스토폴을 소련 붕괴 뒤 20여 년 만에 다시 자국에 귀속시켰다. '전함 포템킨'으로 유명한 그리고리 포템킨 대공이 1783년 창설한 흑해함대는 흑해와 지중해를 넘나들며 19세기 러시아 제국과 오스만투르크 제국의 싸움에서 주력부대 역할을 했다. 20세기에는 서방과 대치하는 소련 해군의 기둥이었다. 이 함대는 창설 이래로 크름반도의 세바스토폴에 사령부를 두고 있기 때문에 1991년 우크라이나가 독립한 뒤에는 본의 아니게 외국에 사령부를 남겨놓고 기지를 빌려 쓰는 처지가 됐다. 2014년의 크름반도 병합은 러시아에는 흑해함대의 모항을 다시 장악했다는 것만으로도 군사적 성과였다.

　그 후 러시아는 크름반도 주변 영해를 외국 선박이 아예 지나지 못하게 했으며 러시아, 우크라이나, 루마니아, 불가리아, 터키, 조지아 6개국에 둘러싸인 흑해의 군사·지정학적 상황은 더욱 복잡해졌다. 2021년 6월 초 미국 바이든 대통령이 집권 뒤 처음으로 푸틴 대통령과 정상회담을 했지만, 그러고 나서 한 달도 지나지 않아 미국은 민감한 바다인 흑해에서 대규모 군사훈련을 했다. 미국은 남중국해에서 '항행의 자유'를 주장하며 중국과 대치해온 지 오래다. 공해는 어느 한 나라의 것이 아니며 모두가 지나다닐 권리가 있다는 논리를 흑해에서 러시아를 상대로도 들이민 것이다.

　서방의 도발은 명백했고 러시아도 가만히 있지 않았다. '시 브리즈' 훈련이 시작되기 닷새 전에 영국 구축함 디펜더 호가 우크라이나 남부 항구 오데사를 출발해 흑해를 항해했다. 이어 디펜더 호위를 러시아 전투기들이 날아다니는 장면이 방송 카메라에 잡혔다. 러시아 국방부는 디펜더 호가 러시아 영해에 3킬로미터 진입해 세바스토폴 근처까지 접근했다고 밝혔다. 그래서 경비함정이 경고사격을 했고 수호이 Su-24 폭격기가 디펜더 호 앞에 폭탄 4개를 투하, 해역을 떠나게 했다는 것이었다. 푸틴은 뒤에 "우리가 마음을 먹었다면 (디펜더 호를) 침몰시킬 수도 있었다"며 분노를 표시했다.[18]

영국 측은 러시아 영해에 들어간 것이 아니라고 주장했다. 크름반도는 우크라이나 땅이기 때문에 디펜더가 지나간 바다는 우크라이나 영해이며 러시아군의 폭격은 없었다고 했다. 그러나 카메라에 포착된 영상에는 러시아 전투기 조종사가 영어로 "경로를 바꾸지 않으면 발사하겠다"고 경고 방송하는 목소리가 담겼고 영국 BBC방송도 러시아 전투기들에서 폭격음이 들렸다고 보도했다.[19] 경고성이라 하더라도 러시아가 폭탄을 투하한 것이 사실이라면 냉전이 끝난 이래 러시아 정부가 나토 측 군함을 막기 위해 '실탄'을 사용한 첫 사건이었던 셈이다. 러시아와 서방의 긴장 속에 군사적 충돌 위협이 증가하고 있음을 보여주는 실례였다.

러시아는 '시 브리즈'에 앞서 S-400과 판치르 미사일 시스템, Su-27 등 전투기와 헬기 20여 대를 배치해 맞불 군사훈련을 했다. 이어 장거리 순항미사일을 탑재한 전함 두 척을 크름반도로 보낸다고 발표했다. 인테르팍스 통신 보도에 나온 두 척의 배는 칼리버 크루즈미사일 시스템이 장착된 아드미랄 에센 구축함과 모스크바 미사일 순양함이었다. 이 배들은 시리아 내전 때 시리아 정부군을 지원하기 위해 지중해 동부에 머물고 있었는데 서방의 군사훈련이 벌어지자 흑해의 모항으로 귀환한 것이다.

푸틴은 시 브리즈 훈련이 진행되고 있을 때 44쪽 분량의 새 국가안보전략에 서명하고 웹사이트에 공개했다.[20] 크름반도 병합으로 긴장이 고조된 2015년 개정 이후 6년 만의 개정판이었다. 2015년 버전만 해도 서방과의 관계를 '회복 가능한 것'으로 간주했고, 1990년대부터 쓰였던 온건한 표현들이 그대로 남아있었다.

반면 개정판에선 톤이 확연히 달라졌다. 국가안보를 비롯해 경제문제, 기후변화와 환경, 수호해야 할 가치 등 모든 분야에서 미국 및 그 동맹국들과 러시아의 대립이 격화되는 '새로운 시대'로 가고 있다는 선언문이었다. 외교정책에서 해석의 여지를 남겨두기는 했지만 미국과 주요 나토 동맹국들에게 '비우호국'이라는 낙인을 찍었고, 서방과의 관계개선은 우선순위에서 뒷전으로 밀어냈다.

미국이 주도한 흑해 훈련과 러시아의 반발은 그 대립이 실제 군사적 충돌로도 이어질 수 있음을 보여주는 위험한 신호였다. 당시 싱크탱크 카네기 모스크바센터의 드미트리 트레닌 소장은 웹사이트에 실은 논평[21]에서 "미국이 육해공 어디에서든 러시아가 물러설 수 없는 억지력의 '레드 라인'을 무력화하려고 시도한다면 모스크바 측은 자존심을 지키기 위해서라도 강력한 방어로 나설 것"이라고 지적했다. "그렇게 되면 필연적으로 충돌이 발생하고 사상자가 나올 것이며, 그것이 다시 긴장을 고조시키면서 러시아와 나토의 대립이 문자 그대로 '벼랑 끝'으로 치닫게 될 것"이라는 암울한 시나리오를 거론했다. 그 뒤 벌어진 일은 그 우울한 예측 그대로였다.

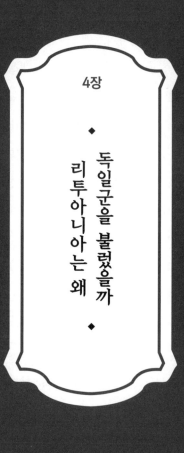

4장

◆

왜 아니아투리 까을렀불 을군일독

　2023년 7월, 독일이 리투아니아에 상설 군사기지를 만든다고 발표했다. 러시아의 우크라이나 침공이 시작되자 그 여파로 '독일의 재무장'이 이뤄지는 것 아니냐는 관측이 나오던 참이었다.

　독일이 그간 유엔 치안 유지 임무의 일환으로 아프가니스탄과 말리 등에 파병한 적은 있지만, 해외 상설기지를 설치하는 것은 얘기가 다르다. 결국 러시아가 일으킨 전쟁이 결국 독일을 불러낸 셈이 됐다. 오랜 악연에 참혹한 전쟁까지 치렀던 두 나라이지만, 독일은 우크라이나 전쟁을 보면서도 끝까지 러시아를 등지지 않으려던 국가들 중의 하나였다. 그러나 결국 블라디미르 푸틴의 전쟁은 독일이 군사력을 확장하는 쪽으로 몰아붙였고, 이는 유럽을 방어하는 부담을 덜고 싶은 미국이 원해왔던 방향이기도 했다.

　보리스 피스토리우스 독일 국방장관은 리투아니아에 병력 4,000명을 보내겠다고 발표했다. 피스토리우스 장관은 "나토 동맹

의 동쪽 경계를 보호하기 위해" 독일 군인들을 상시적으로 주둔시
킬 계획이라고 했다.[22] 냉전 시절 '철의 장막'과 마주해야 했던 나라
가 바로 독일(서독)이었기에 리투아니아 처지를 잘 안다는 말도 했
다. 석 달 전만 해도 독일은 자국군을 외국에 상설적으로 주둔시키
는 문제에 대해서는 언급을 피했었다. 독일의 '해외 군사시설'은 프
랑스와의 협의하에 유럽의회가 위치한 프랑스 스트라스부르 부근에
두고 있는 '프랑스-독일 여단'과, 역시 프랑스에 있는 유로콥터 훈
련센터, 미국 버지니아에 있는 국방연락사무소 정도였다. 그런 독일
이 결국 해외 상설 파병을 고민하게 된 것은, 오랫동안 중립국이었
던 핀란드와 스웨덴이 나토 가입원서를 내게 만든 것과 함께 우크라
이나 전쟁이 유럽에 불러온 의미심장한 변화라 할 수 있다.

우크라이나 전쟁에 긴장 높아진 발트 국가

리투아니아, 라트비아, 에스토니아는 유럽 북부 발트해 연안에
있어 '발트 3국'이라 불린다. 작은 공국들이다가 소련에 강제로 합
쳐졌고, 1990년 소련이 흔들릴 때 나란히 독립을 선언했다는 공통
점이 있다. 자신들처럼 소련에서 갈라져 나온 우크라이나를 "러시아
의 일부"라며 침공한 푸틴을 보면서 이들의 불안감이 커진 것은 당
연하다. 일찌감치 나토와 유럽연합의 일원이 된 이들 세 나라는 전
쟁이 시작되자마자 우크라이나를 도와야 한다고 목소리를 높였고,
나토 무기를 지원해주는 데에도 열심이었다.

특히 리투아니아는 지리적인 요인 때문에 나토의 안전보장을

리투아니아 주변 지도

확고히 받아내기 위해 열심이다. 리투아니아의 동쪽에는 라트비아
와 벨라루스 두 나라가 있다. 그런데 독일 국방장관이 '나토의 동쪽
경계'라고 지칭한 데에는 이유가 있다. 러시아의 '역외 영토', 즉 본
국과 분리돼 떨어진 영토인 칼리닌그라드가 리투아니아 서쪽에 국
경을 맞대고 있기 때문이다. 게다가 리투아니아 동남쪽 벨라루스는
푸틴과 절친한 독재자가 장기집권하고 있는 나라다. 그러니 리투아
니아가 걱정하는 것도 무리는 아니었다.

　우크라이나 전쟁이 일어난 그해 6월 독일은 만일 리투아니아
가 공격을 받는다면 여단 규모 병력으로 지켜주겠다고 약속했다. 그
러나 독일의 기지에서도 신속히 파병할 수 있다며 리투아니아에 상
시 주둔시키는 것은 피했다. 그 대신 공동 군사훈련을 두 번 했으며

　　　　　4. 리투아니아는 왜 독일군을 불렀을까

2023년 7월에는 리투아니아에서 '그리핀 스톰'이라는 이름의 세 번째 합동 훈련을 했다. 이 훈련에 독일 기갑 보병여단 1,000명과 탱크 300대가 참여했고, 훈련에 맞춰 피스토리우스 장관도 리투아니아 수도 빌뉴스를 찾아가 '상설 주둔'을 얘기한 것이었다.

훈련이 벌어질 무렵에 우크라이나는 동부 전선에서 진격하고 있었고 러시아는 용병회사 바그너그룹의 반란으로 알려진 소동 때문에 시끄러웠다. 비상한 시국에 열린 훈련이었던 까닭에, 리투아니아 지도부는 물론이고 나토 사무총장과 회원국 대사들이 모두 출동해 참관했다. 이어 8월에는 빌뉴스에서 나토 정상회의도 열렸다.[23] 이런 일련의 일들은 발트국가들이 느끼는 불안감, 그리고 우크라이나 침공이 불러일으킨 유럽의 동요를 보여준다.

그런 불안감의 단면이라고 할 수 있는 리투아니아의 파브라제라는 곳으로 잠시 시선을 옮겨보자. 벨라루스 국경과 가까운 소도시로, 두 개의 강이 만나는 곳에 있다. 19세기 중반 바르샤바–상트페테르스부르크 철로가 지나가게 되면서 마을이 커지기는 했으나 제2차 세계대전 때까지도 주민 3,000명에 그쳤으며 그중 3분의 1은 이디시(러시아 유대인)이었다. 1940년대 소련 시절에 '시'로 승급했으나 그 후로도 내내 5,000~6,000명 정도 주민들이 벌목장과 증류소 등에서 일하며 살아가는 소읍으로 남았다.

리투아니아는 동유럽의 소국들이 다 그렇듯이 복잡다단한 역사의 굴곡을 겪었다. 중세에 리투아니아 공국이 들어섰지만 러시아 제국에 병합됐고, 제1차 세계대전 때에는 잠시 독일이 점령했다. 1918년 독립 공화국이 됐으나 독립을 지키기가 쉽지 않았다. 러시아 볼셰비키를 추종하는 내부의 공산주의자들, 호시탐탐 넘보는 폴란드 등과 세 번이나 전쟁을 치렀다.

소련을 경계한 공화국 정부는 1940년 무렵 파브라제에 공산주의자들을 가둬두는 강제노동수용소를 만들기도 했으나 이내 진격해온 소련군이 '해방'시켰다. 그해 소련은 '발트 3국'으로 통칭되는 리투아니아, 라트비아, 에스토니아 세 나라를 병합했다. 하지만 제2차 세계대전이 격화되면서 한동안 독일군이 또 점령을 했고, 파브라제의 수용소는 나치 손에 들어가 유대인 학살장이 됐다.

독일이 패하고 리투아니아는 소련의 일부가 됐으나 독립 저항 운동이 끊이지 않았다. 반세기를 기다려 1990년 3월 독립을 했다. 소련이 해체되기도 전에, 연방에서 맨 먼저 갈라져 나온 나라였다. 분리독립을 막으려는 소련의 마지막 반격 속에서도 공화국을 선포했고, 독립 이래 민주주의를 키워왔다. 화학제품과 기계 부품 산업을 키우며 한동안 두 자릿수 경제성장률을 기록해 '발트해의 호랑이'라는 별명까지 얻었다. 러시아와 중·동부 유럽국들 사이에서 수출로 먹고 살다 보니 외풍을 많이 타지만 1인당 연간 실질 국내총생산 GDP이 4만 달러에 육박하는 나라가 됐다.

리투아니아가 독립 이후 걸어온 길은 이웃한 벨라루스와 대비된다. 벨라루스에서는 독립 이래 알렉산드르 루카셴코 독재정권이 이어지고 있고, 경제적으로도 주변국들보다 낙후된 상태다. 독재 때문에 손가락질을 받다가 결국 크렘린 쪽으로 기운 벨라루스의 정권과 달리 리투아니아의 정치권과 여론은 언제나 서쪽을 향해 있었다. 2001년 세계무역기구WTO에 가입했고 2004년 나토 멤버가 됐다.

같은 해 유럽연합에 들어갔으며 2007년 단일통화를 채택함으로써 유로존에 통합됐다. 2018년에는 부국들의 모임이라고 하는 경제협력개발기구OECD 회원국이 됐다.

소련군, 미군, 독일군… 다음엔 또 어느 나라?

나라가 발전하는 동안에도 파브라제는 지방 소도시로 남았다. 2021년 주민 수는 5,000명이 채 못 됐는데 그나마도 절반 가까이는 폴란드 국적이고 그 외에 리투아니아인, 러시아인, 벨라루스인 등등이 섞여 살고 있다. 하지만 이 작은 도시는 최근 몇 년 새 지정학적으로 주목을 받는 곳으로 부상했다. 파브라제를 규정하는 존재이자 사실상 도시의 거의 전부라고 할 수 있는 군사훈련 시설 때문이다. 125평방킬로미터, 서울 면적 4분의 1에 이르는 어마어마하게 큰 훈련장인데 1904년 처음 만들어졌다. 이후 계속 확대되어온 훈련장은 소련 시절에는 당연히 소련군이 사용했다. "파브라제 시내에서 2킬로미터 거리, 행정 건물 6개 동과 저장소 2개 동, 군용 천막 시설 150개." 미국 중앙정보국CIA이 이 시설을 찍은 사진들을 분석해 1965년 만든 보고서에 적혀 있는 내용이다.[24]

2014년 러시아가 우크라이나 크름반도를 빼앗아간 뒤 한층 더 불안해진 리투아니아는 서방 군사력을 '유치'하기 위해 갖은 애를 썼다. 그해부터 미군 약 200명이 리투아니아에 교대로 주둔하며 훈련을 했는데 2019년부터는 규모가 500명으로 늘었다. 나토의 무기와 병력이 필요하다고 설득해 2018년에는 폴란드에 있던 에이브럼스

탱크와 브래들리 전투차량이 파브라제로 이동해 훈련을 했다.

미국의 바이든 정부 출범 뒤 러시아와 긴장이 한껏 높아진 2021년, 텍사스 포트후드의 미 육군 제2대대 제8기병연대가 파브라제에 도착했다. 9개월간의 군사훈련 목적이었지만 '발트해 지역의 첫 미군 교환소PX'를 열며 사실상 장기 주둔 태세에 들어갔다. 그해 8월 리투아니아의 기타나스 나우세다 대통령은 파브라제에 새로 지어진 미군 훈련소 캠프 허쿠스를 직접 방문했고 국방장관은 "우리 동맹국이 영구 주둔하기를 바란다"며 미군에 손짓했다.[25]

영구적인 미군기지를 유치하는 것은 리투아니아의 오랜 바람이었다. 국영방송 LRT는 그 사전 작업으로 컨테이너 주택과 농구장, 배구 코트, 체육관 등을 갖춘 훈련캠프를 만드는 데 700만 유로가 들었다고 보도했다.[26] 우크라이나 전쟁이 일어난 직후인 2021년 3월 나우세다 대통령은 다시 파브레자의 미군을 찾아가 격려를 했다. 2023년 2월에는 600명 수용 규모의 캠프 허쿠스가 좁아졌다면서 확장공사를 했다.

리투아니아는 파브라제는 물론이고 전국 여러 곳의 기지와 훈련시설을 확장하며 군사 인프라에 돈을 쏟아붓고 있다. 폴란드의 드라프스코, 독일의 그라펜뵈르와 맞먹는 훈련장을 짓겠다면서 전체 국토 6만 300평방킬로미터의 1.2퍼센트에 이르는 땅을 군사훈련장으로 만들겠다고 했다. LRT에 따르면 "독일 등 동맹국의 필요를 충족하기 위해" 탄약 보관창고 등의 인프라를 2025년까지 구축할 예정이다. 러시아 역외 영토와 가까운 카즐루 루다 등지에 외국군을 위한 훈련캠프를 새로 짓겠다는 계획도 내놨다.

그럼에도 불구하고 미국이 러시아의 코앞에 미군을 영구 주둔시킬 가능성은 거의 없다. 그 대신 미국은 독일을 압박해 유럽의 방패막이로 활용하려 하고 있다. 그렇게 되어 리투아니아가 짓고 소련군이 쓰다가 미군이 훈련하던 파브라제에 독일군이 들어가게 된 것이다. 다음번에 이곳에 들어가는 것은 어느 나라 군대일까. 지구는 둥글지만, 발트해의 나라들은 '동과 서' 사이에 낀 처지에서 벗어나기가 몹시도 힘들어 보인다.

2부

팔레스타인은 왜
'분쟁지역'이 되었나

1장

◆

건국에서 시작된 비극
나크바, 유대국가의

◆

　　2023년 10월 7일 토요일 아침, 이스라엘 남부의 가자지구 접경 마을 주민들은 3대 명절 중 하나인 '초막절'(이집트를 탈출한 이스라엘 사람들이 40년 동안 광야에서 장막 생활을 한 것을 기념하기 위한 절기)을 지내고 난 후 첫 안식일을 느긋하게 맞이하고 있었다. 팔레스타인 가자지구와 이스라엘 국경 근처 네게브 사막에서 열린 음악축제를 밤새워 즐겼던 청년들 역시 피로를 달래고 있었다. 오전 6시 30분, 갑자기 2,500발 이상의 로켓 포탄이 하늘을 뒤덮더니 가자지구를 장악한 무장 정파 하마스의 무장대원들이 픽업트럭과 오토바이, 패러글라이더 등을 타고 국경 철책을 넘어 이스라엘 쪽으로 쏟아져 들어왔다. 그야말로 기습공격이었다.

　　하마스 대원들은 마을과 키부츠(집단농장)의 집집마다 돌아다니며 유대인 주민들을 사살하거나 인질로 잡아갔다. 어린이와 유아들도 하마스의 총탄을 피하지 못했다. 음악축제장도 끔찍한 학살의 현장이 됐다. 기습공격 첫날에만 수백 명이 사망하고 약 240명이 인질로 끌려갔다. 이스라엘이 그토록 믿었던 저고도 방공망 '아이언돔'도 하마스가 일시에 쏘아댄 사제 로켓 수 천 발 앞에 사실상 힘을 쓰지 못했다. 제아무리 90퍼센트 이상의 요격률을 자랑한다 한들 비처럼 한꺼번에 쏟아지는 로켓들을 막아내기엔 역부족이었던 것이다.

이스라엘은 즉각 대대적인 반격에 나섰다. 보복공격을 시작하고 19일째인 10월 25일에는 이스라엘군이 가자지구 북부에 진입함으로써 지상전이 시작됐다. 27일 밤부터 28일에는 전투기 100여 대를 동원해 하마스의 지하터널, 벙커와 관련된 목표물 450여 곳을 타격하는 등 무지막지한 폭격을 퍼부었다. 베냐민 네타냐후 이스라엘 총리는 기자회견에서 "전시 내각에서 지상작전 확대를 만장일치로 결정했다. 길고 어려운 전쟁이 되겠지만, 두 번째 독립전쟁이다. 우리의 승리로 끝날 것을 의심하지 않는다"라고 말했다.[27]

전쟁이 시작된 지 한 달 동안에만 이스라엘과 팔레스타인에서는 1만 명이 훌쩍 넘는 사망자가 발생했다. 이스라엘에서는 약 1,400명, 팔레스타인에서는 1만 명이 목숨을 잃었다. 가자지구 전체 사망자의 절반 가까이가 어린이다. 이스라엘군의 집중적인 폭격과 봉쇄로 가자지구에는 물도 전기도 끊겼다. 식량도 바닥났고, 다친 이들은 병원이 부서지고 약이 없어 고통을 받았다. 산모가 마취제도 없이 제왕절개 수술을 해야 했다는 보도도 있었다.[28]

서방 언론들은 이 전쟁을 '이스라엘-하마스 전쟁'으로 부른다. 팔레스타인인 전체가 아니라 무장 정파 하마스와 이스라엘 간의 전쟁이란 이야기이다. 여기에는 팔레스타인인 전체를 적으로 돌리기는 부담스럽고, 이번 기회에 팔레스타인인들과 하마스의 고리를 끊어내 하마스의 뿌리를 뽑아내야 한다는 이스라엘과 미국 등 서방국가들의 의도가 담겨 있다. 하지만 이스라엘은 가자지구 민간인들을 향해 무차별 공격을 퍼붓는 자가당착을 드러냈으며 하마스와 별반 관련 없는 요르단강 서안지구의 팔레스타인인들까지 공격하고 있다.

팔레스타인 '대재앙의 날'

70년 넘게 계속되고 있는 이스라엘과 팔레스타인의 갈등은 어렵고도 골치 아픈 문제이다. 이 분쟁은 종교와 민족, 영토 문제인 동시에 미국 등 서방의 오만과 위선, 팔레스타인 자치정부의 무능과 하마스 등 팔레스타인 내부 무장세력들 간의 복잡한 관계 등이 뒤얽혀 있기 때문이다.

이스라엘 민간인들을 죽이고 인질로 잡아간 만행뿐만 아니라 가사지구의 많은 민간인 목숨을 희생해서라도 목표를 달성하고자 한 하마스의 행위는 분명 반인도적 범죄이다. 그럼에도 불구하고 길고 긴 역사적 배경과 맥락을 가진 갈등을 들여다보고 이해하는 노력은 필요하다. 안토니우 구테흐스 유엔 사무총장의 말대로 "하마스의 공격은 진공 상태에서 일어난 것이 아니며, 팔레스타인 주민들이 (1967년 이후) 56년간 숨 막히는 점령하에 있었다는 점을 인식하는 것이 중요"하다.[29] 이스라엘은 이 발언 뒤 구테흐스 사무총장에게 당장 사퇴하라고 비난을 퍼부으며 유엔 직원들에게 비자조차 내주지

않겠다고 위협했지만 말이다.[30]

　이스라엘의 가자지구에 대한 대대적인 공격에 팔레스타인은 '제2의 나크바al nakba'를 맞이해야만 했다. 나크바는 아랍어로 '대재앙'이란 뜻이다. 팔레스타인 사람들은 1948년 5월 15일을 '대재앙의 날'로 부르면서 이날의 아픔과 슬픔을 해마다 되새긴다. 하루 전인 5월 14일, 팔레스타인 땅에 '유대인의 나라'가 세워졌기 때문이다. 초대 이스라엘 총리 다비드 벤구리온은 이날 텔아비브에서 공식적으로 건국을 선언했다. 유대 민족에게 이날은 2,000년 가까이 세계 곳곳으로 흩어져 나라 없이 지내온 설움을 청산한 축복과 기쁨의 날이지만, 이스라엘의 건국은 팔레스타인 민족에겐 진정한 '재앙'이었다. 수천 년 동안 조상 대대로 살아온 땅에서 추방당했기 때문이다.

　2002년 설립된 민간기구 '알 나크바 아카이브'[31]에 따르면, 1948년 약 140만 명의 팔레스타인인들이 살던 집에서 쫓겨나 국내 난민이 되거나 요르단, 레바논 등 인접국으로 넘어가 난민촌에서 생활해야만 했다. 세계 곳곳에 흩어져 있는 난민은 500만 명이 넘는 것으로 추정된다. 그러고 보면 2023년 전쟁으로 팔레스타인인들이 겪고 있는 생지옥을 '제2의 나크바'로 부르는 것은 부적절하다. 그들의 대재앙은 멈춘 적이 없기 때문이다. 프란체스카 알바네세 유엔 팔레스타인 특별인권보고관은 전쟁 발발 전에 이렇게 말했다. "2023년은 나크바 75주년이 아니다. 나크바는 75년 동안 계속되고 있다."[32]

갈등의 씨를 뿌린 영국

분쟁의 뿌리를 이해하기 위해 시곗바늘을 약 2,000년 전으로 돌려보자. 서기 70년, 로마군의 예루살렘 함락으로 유대 국가가 멸망한다. 유대 저항군은 깎아지른 절벽 위에 구축된 천혜의 요새 마사다에서 3년이나 항전하다가 패배가 임박하자 전원 자결했다. 이스라엘은 이들의 저항 정신을 영원히 기억하기 위해 마사다 요새를 이스라엘 군인들의 입대 선서식장으로 사용하고 있다.

그 후 유대인들은 세계 곳곳으로 흩어져야만 했는데 이를 '디아스포라Diaspora'라고 한다. 그리스어로 '흩뿌리다'란 뜻인 이 단어는 한 민족이 고향을 떠나 다른 지역으로 이동하여 집단을 형성하는 것을 의미한다. 일반적으로는 유대 민족의 이산離散을 가리킨다.

유대 민족의 국가를 세워야겠다는 움직임은 19세기 말 유럽에서 본격적으로 시작됐다. 헝가리의 유대계 언론인 테오도르 헤르츨이 1896년 출간한 『유대 국가: 유대인 문제의 현대적 해결 시도』란 책이 큰 반향을 일으키면서 구체화된 것이다. 예루살렘 서부 지역에 있는 국립묘지의 이름이 '헤르츨의 언덕'일 정도로, 그는 이스라엘의 현대사에서 매우 중요한 역할을 한 인물이다. 헤르츨은 1897년 스위스 바젤에서 제1차 시온주의자 총회를 열어 "팔레스타인에 국제법으로 보장되는 유대인의 조국을 건설한다"는 선언을 이끌어냈다. '시온'은 예루살렘에 있는 나즈막한 산의 이름으로 이스라엘 땅이란 의미로 사용된다. 여기서 '시오니즘'이라는 단어가 생겼다. 이런 분위기 속에서 유럽에 살던 유대인들이 팔레스타인으로 이주하기 시작했다. 당시 팔레스타인은 오스만투르크 제국의 땅이었다. 합법적으로 땅을 구매해 정착한 유대인들의 숫자가 점점 늘어나면서 현지인들과의 갈등이 악화됐다.

그러나 영국은 오늘날까지 이어지고 있는 이 싸움에서 역사적 책임을 피하기 어렵다. 발단은 1903년 러시아에서 벌어진 대대적인 유대인 탄압이었다. 견디다 못한 유대인들은 러시아를 빠져나와 유럽 각국과 미국으로 이주했는데. 영국으로도 한꺼번에 몰려왔다. 이렇게 되자 당시 영국 식민지장관 조지프 체임벌린은 헤르츨에게 한 가지 제안을 했다. 영국으로 몰려드는 러시아 출신 유대인들을 수용하기 위해 영국령 동아프리카 마우 고원의 일부를 줄 테니 그곳에 유대인 국가를 건설하는 게 어떠냐는 것이었다. 체임벌린이 제안한 곳은 현재의 케냐 땅이지만 당시 영국령 우간다였기에 '우간다 계획'으로 불렸다.

헤르츨은 1903년 바젤에서 열린 제6차 시오니즘 총회에 영국의 제안을 정식 안건으로 올렸고 격렬한 논쟁이 벌어졌다. 민족의 뿌리가 있는 팔레스타인으로 가야 한다는 주장과, 그곳은 오스만 제국의 영토이며 많은 아랍인이 살고 있어 충돌 위험이 큰 만큼 우간다가 나쁘지 않은 대안이란 주장이 팽팽히 맞섰다. 투표 결과 295명 중 177명의 찬성함에 따라 영국의 제안을 받아들이기로 결정했다. 총회는 이듬해 마우 고원으로 대표들을 보내 현장 답사까지 했다. 적도 바로 아래 위치한 곳이지만 해발 2,700미터가 넘어 기후가 선선하고 거주지로 나쁘지 않다는 평가가 나왔다. 그러나 맹수들이 많고 원주민 마사이족 등과 마찰을 빚을 것으로 우려됐다. 결국 다시 내부 논의를 거쳐 1905년 시오니즘 총회는 영국의 제안을 거절하기로 최종결정했다. 이 밖에 아르헨티나, 키프로스 섬 등도 이스라엘 건국 후보지로 검토된 적이 있다고 한다.

1914년 제1차 세계대전이 일어나면서 상황이 바뀌었다. 당시 영국 정부는 전쟁을 치를 돈이 몹시 필요했다. 그래서 1917년 11월 영국 외무장관 아서 밸푸어는 유대계 금융 부호인 리오넬 월터 로스차일드를 찾아가 편지 한 장을 전달한다. 글은 짧았지만, 안에 담긴 내용은 엄청났다.

"영국 정부는 유대 민족을 위한 '민족의 고향'을 팔레스타인에 수립하는 것을 적극 찬성하며, 이러한 목적을 실현하기 위해 최선의 노력을 기울이겠다. 그로 인해 팔레스타인에 있는 비유대인 사회의 시민권과 종교의 권리, 그리고 다른 국가에서 유대인들이 누리는 권리나 정치적 지위가 전혀 침해되지 않을 것으로 확실하게 믿는다."[33]

유대인 사회는 환호성을 올렸다. 팔레스타인에 유대 국가를 세우겠다는 오랜 염원이 이뤄질 수 있게 됐기 때문이다. 이 서한을 일명 '밸푸어 선언'이라고 한다.

문제는 영국이 중동의 아랍 민족들에게 한 약속과 이 선언이 완전히 반대된다는 점이다. 1915~1916년 영국은 이집트 주재 고위 관리 헨리 맥마흔을 통해 아랍 지도자에게 여러 차례 서한을 보내고 독일 편에 선 오스만 제국에 맞서 싸워 승리하면 독립을 시켜주겠다고 약속했다. 당시 아랍권 거의 전역은 오스만의 지배를 받고 있었으며 유럽의 영향으로 민족주의 바람이 불고 있었다. 영국은 팔레스타인 지역에 아랍 국가를 세우는 것을 지지한다는 약속도 했다.

이런 내용으로 오늘날의 사우디아라비아에 있는 메카의 지배자 후세인 빈 알리와 맥마흔 사이에 여러 차례 오간 편지들을 '맥마흔-후세인 서한'이라고 부른다. 영국의 약속을 믿었던 아랍 민족이 뒤늦게 밸푸어 선언을 알게 된 후 느꼈을 배신감이 어땠을지는 쉽게 상상할 수 있다. 영국은 자국의 이익을 위해 이처럼 앞뒤가 다른 말을 하면서 두 민족을 이간질했다.

왜 그랬을까. 이유는 바로 돈과 기술이었다. 당시 영국 정부는 로스차일드를 비롯한 유대 부호들의 자본 없이는 전쟁을 치르기 어려웠다. 포탄 제조에 들어가는 아세톤의 대량생산 기술을 유대인 과학자이자 시온주의자 하임 바이츠만이 갖고 있다는 점도 중요한 이유였다. 제1차 세계대전 중 영국은 독일 잠수함의 봉쇄 때문에 화약 원료인 칠레산 초석의 수입이 끊겨 탄약과 폭탄 부족에 직면해 있었다. 바이츠만은 녹말에서 아세톤을 뽑아내 고성능 탄약 원료를 생산하는 기술을 발명해 영국 정부에 넘겼고, 이것이 밸푸어 선언을 끌어내는 데 큰 기여를 했던 것으로 전해진다. 훗날 바이츠만은 이스라엘의 초대 대통령이 되기도 했다.

제1차 세계대전에서 승리한 영국은 프랑스 등 승전국들과 함께 오스만 제국의 영토를 자기네 입맛대로 분할해 점령했고, 팔레스타인 땅을 위임통치령으로 차지했다. 밸푸어 선언의 약속을 바로 실행하지는 않았지만, 위임통치 기간에 영국은 팔레스타인인들의 저항을 철저하게 탄압했다.

제2차 세계대전이 연합국의 승리로 끝난 지 2년 뒤인 1947년 11월, 유엔은 팔레스타인을 분할해 아랍 국가와 유대인 국가를 각각 세우는 결의안을 채택했다. 당시 팔레스타인에서 유대인이 소유한 땅은 전체 토지의 약 6퍼센트에 불과했지만 결의안에 따라 분할하면 유대인이 56퍼센트나 차지할 수 있었다. 당연히 유대인들을 환영했고, 팔레스타인인들을 격렬히 반대했다. 이스라엘은 1948년 5월 14일 아랍권의 반대에도 불구하고 전격적으로 건국을 선포했다.

4번의 중동 전쟁과 '두 국가 해법'

이스라엘이 독립을 선언한 다음 날 이집트 등 아랍 국가들이 이스라엘을 공격하면서 제1차 중동 전쟁(또는 '이스라엘 독립전쟁')이 시작됐다. 결과는 미국의 지원을 받은 이스라엘의 승리였다. 이후 이스라엘은 1973년까지 주변 아랍 국가들과 3차례 더 전쟁을 치른다. 1956년 이집트가 전격적으로 수에즈 운하 국유화를 선언한 후 영국과 프랑스와 이스라엘이 동맹을 맺고 이집트를 공격해 일어난 '2차 중동 전쟁', 1967년 이집트·요르단·시리아·레바논을 상대로 이스라엘이 엿새 만에 대승을 거둬 동예루살렘과 골란 고원 등을 차지한 '6일 전쟁(3차 중동 전쟁)', 1973년 이집트와 시리아가 주축이 된 아랍 연합군에 맞서 이스라엘이 승리한 '욤키푸르 전쟁(4차 중동 전쟁)' 등이다.

특히 3차 중동 전쟁은 지금까지 이어지고 있는 이-팔 충돌의 뿌리로 여겨지고 있다. 이스라엘이 당시 이집트로부터 가자지구와 시나이반도를, 요르단으로부터 동예루살렘과 요르단강 서안지구를, 시리아로부터 골란 고원을 빼앗아 점령했기 때문이다. 유엔은 이 지역 모두를 팔레스타인과 시리아에 돌려주라는 결의안을 여러 차례 채택했다. 그러나 이스라엘은 시나이반도는 이집트에 돌려줬지만 요르단강 서안과 골란 고원 일부는 여전히 사실상 불법 점령하고 있다. 유엔이 팔레스타인 땅으로 인정한 동예루살렘 역시 여전히 점령한 채 주민들을 내몰고 있다.

아랍국들은 대의명분에서는 팔레스타인을 옹호했지만 그런 입장이 일관되지 않았고 적극적이지도 않았다. 1977년 11월 지미 카터 미국 대통령의 중재로 이스라엘의 메나헴 베긴 총리와 이집트의 안와르 사다트 대통령이 미국 대통령 별장인 캠프 데이비드에서 만나 협정을 체결했다. 이스라엘은 점령지인 시나이반도를 반환하는 대신 수에즈 운하 이용권을 인정받았다. 이집트가 이스라엘과 공식 수교했다는 사실은 아랍권에 엄청난 충격을 안겼다. 이 협정으로 오랜 세월 반목했던 이스라엘과 이집트, 나아가 유대와 아랍 사회 간에 표면적으로나마 평화 분위기 조성됐던 것은 사실이지만 아랍인들이 느낀 배신감이 그 못잖게 컸다. 1981년 10월 6일 사다트는 이집트 내 이슬람 근본주의자의 총에 암살됐다. 이스라엘이 가자 지구와 서안, 골란 고원을 계속 점령한 까닭에 아랍권과의 갈등은 더욱 악화됐다.

팔레스타인인들은 망명정부를 꾸리고 이스라엘에 맞섰고, 이제는 유대 국가가 아닌 '팔레스타인 민족 독립국가 건설'이 세계적 이슈가 됐다. 1993년 이스라엘의 이츠하크 라빈 총리와 팔레스타인해방기구PLO의 야세르 아라파트 의장은 빌 클린턴 미국 대통령의 중재로 노르웨이 오슬로에서 평화협정을 맺었다. 이-팔 분쟁의 해법으로 널리 인정받고 지금도 기준점이 되는 '오슬로 평화협정'의 핵심은 '두 국가 해법'이다. 서안과 가자 지구를 팔레스타인 땅으로 삼아 정부를 세우게 하고, 나머지는 이스라엘 영토로 인정해 두 국가가 공존하자는 것이다. 예루살렘은 동과 서를 나눠, 서쪽은 이스라엘 영유권을 인정해주고 동쪽은 팔레스타인의 영유권을 보장하기로 했다. 협정의 주역인 라빈과 시몬 페레스 당시 이스라엘 외무장관, 아라파트 3명은 이듬해 공동으로 노벨평화상을 수상했다. 1964년 PLO를 만들어 무력투쟁을 주도해 온 아라파트는 1996년 1월 20일 압도적인 지지를 받고 팔레스타인 자치정부PNA,PA 수반으로 선출됐다.

그러나 갈등은 끝나지 않았다. 이스라엘은 가자지구를 계속 점령하다가 2005년에야 군대를 철수시켰다. 서안에서는 오슬로 협정 뒤 철수한다고 했지만 사실상 이스라엘군이 곳곳에 주둔하며 모든 것을 통제했다. 이스라엘 내의 아랍계 인구가 늘자 유대계 인구를 늘린다며 외국으로부터 유대인들을 대거 받아들였고, 그들에게 집을 주기 위해 서안의 팔레스타인 땅을 빼앗아 여기저기 '정착촌'을 만들었다. 2000년대 중반부터는 정착촌들을 잇는 콘크리트 분리 장벽을 세워 일방적으로 영토를 굳혔다. 팔레스타인의 저항과 테러공격, 그에 대한 유혈 진압과 민간인 살해도 계속됐다.

인티파다와 하마스

자치정부가 생기고 사실상의 독립국가가 됐지만 팔레스타인에는 근본적인 장애물이자 한계가 있었다. 영토가 분리돼 있다는 점이다.

팔레스타인은 이스라엘 동쪽의 서안지구와 서남쪽 귀퉁이의 가자지구로 나뉘어 있다. 가자는 좁고 긴 사각형이 비스듬히 기울어진 모양을 하고 있다. 남북 길이는 약 41킬로미터이지만, 동서 폭은 6~12킬로미터밖에 되지 않는다. 365평방킬로미터 면적 안에 2022년 기준으로 230만 명이 살았다. 세계에서 인구밀도가 가장 높은 곳 중의 하나다.

이 좁고 긴 땅은 이스라엘에 완벽하게 가로막혀 있다. 북쪽과 동쪽에는 이스라엘이 높이 8미터가 넘는 콘크리트와 철조망 장벽을 둘러놨다. 서쪽 지중해 역시 이스라엘 해군이 막고 있다. 가자의 배가 바다로 나가는 것은 물론이고, 외국의 배가 가자 항구로 들어가는 것도 막는다. 2010년 튀르키예(터키) 등 20개국 인권운동가들이 국제 구호선단을 꾸려 가자 사람들에게 생필품과 의약품을 전달하려 하자 이스라엘 해군은 총탄을 퍼부으며 막았다. 이 과정에서 배에 타고 있던 10여 명이 숨졌다.

가자지구의 남서쪽은 이집트와 닿아 있다. 이스라엘이 봉쇄를 해서 물자가 들어가는 것을 막으면 가자의 살길은 이집트 쪽 통로밖에 없다. 그러나 이집트 역시 가자 사람들이 자국으로 넘어오는 것을 바라지 않는다. 가자지구로 물자와 사람이 자유로이 오가게 했다가 이스라엘과 갈등을 빚는 것도 꺼린다. 이집트가 툭하면 국경 검문소를 폐쇄하고 이스라엘 역시 수시로 폭격을 하기 때문에 하마스와 가자 사람들은 이집트 쪽 국경 지하를 파서 터널을 만들어 이용

하마스 창립 25주년 기념 행사

해 왔다. 이런 상황 때문에 가자는 '지붕 없는 감옥' '세계에서 가장 큰 덫'으로 불리는 것이다.

　이스라엘이 가자를 봉쇄하는 명분은 하마스를 뿌리 뽑기 위해서다. 팔레스타인 자치정부의 주축인 온건파 파타Fatah를 몰아내고 하마스가 가자의 권력을 장악했다는 것이다. 이스라엘은 2008년 12월~2009년 1월에도 가자지구를 공습하고 대규모 침공작전을 벌여 팔레스타인인 1,400여 명을 숨지게 하고 주택과 건물들을 초토화했다. 구글어스를 통해 전해진 당시 가자 지구의 모습은 폐허나 다름없었다.

　하마스를 이해하려면 수십 년에 걸친 가자지구 난민들의 비극을 알아야 한다. 이스라엘 건국 뒤 땅을 빼앗기고 가자지구의 난민촌에 살게 된 팔레스타인인들의 숫자는 세월이 흐르며 계속 불어났

　　　　　　　1. 나크바, 유대국가의 건국에서 시작된 비극

다. 난민 2세대, 3세대들은 나크바 이전, 즉 이스라엘이 없던 시절을 알지 못한 채 난민촌에서 태어나 자란 사람들이었다. 오직 핍박 속에 자라난 10대들이 1980년대에 이스라엘 점령군을 향해 돌을 던지기 시작했다. 이를 인티파다Intifada라 부른다. 인티파다는 아랍어로 '봉기' 또는 '반란'을 뜻하는데 1987년 가자지구에서 시작돼 팔레스타인 전역으로 확대됐다. 이 봉기를 계기로 팔레스타인 무슬림의 정신적 지도자였던 아흐메드 야신이 하마스를 창설했다.

'하마스'라는 단어는 이슬람 저항운동을 뜻하는 아랍어 '하라캇 알 무카와마 알 이슬라미야'의 약어다. 아라파트가 이끈 PLO와 달리 하마스는 오슬로 협정에 반대했고, 이후 서안을 근거로 세워진 자치정부와 대립했다. 하마스는 자치정부의 무능과 부패를 비난하며 가자지구의 실질적인 통치세력이 됐고, 병원과 학교를 세우는 등 사회 복지 프로그램을 적극 실행해 민심을 얻었다.

그런데 2006년 자치의회 선거에서 하마스가 승리해 집권 여당이 되자 이스라엘은 가자를 공습했고 미국은 인도적 지원을 중단하거나 줄여버렸다. 하마스 정권은 위기를 맞았고 이듬해에는 서안의 파타와 사실상 내전을 벌이게 된다. 그 후 하마스는 가자를, 파타는 서안을 장악하고 팔레스타인을 사실상 분리 통치하고 있다. 한때는 하마스가 파타의 비판 세력이었지만, 봉쇄된 가자지구에 들어오는 인도적 지원품을 통제하면서 하마스 스스로 부패세력이 됐다는 비판도 많다.

이스라엘과 팔레스타인의 문제적 지도자들

꫷꫷꫷

하마스의 공격에 대한 보복으로 가자를 침공한 이스라엘의 베냐민 네타냐후 정권은 이 사태 이전까지만 해도 세계의 말썽꾸러기였고 미국 조 바이든 정부로부터도 비판을 받아왔다.

네타냐후는 이스라엘이 건국된 뒤인 1949년 텔아비브에서 태어났다. 아버지를 따라 1963년 미국으로 건너갔고, 군 복무 시기를 빼면 1980년대 후반 이스라엘 정계에 들어오기까지는 거의 미국에서 살았다. 매사추세츠 공과대학MIT과 하버드대를 나왔고 보스턴 컨설팅 그룹에서 근무한 전형적인 '미국식 엘리트'였다. 주미 이스라엘 대사관에서 일했고 1984년부터 4년간은 유엔 대사를 지냈다. 그러다가 이스라엘로 돌아가 1988년 의원이 됐고 각료로도 재직했다.

20세기까지만 해도 이스라엘의 최대 정당은 그나마 비둘기파로 분류되던 노동당이었다. 오슬로 협정을 성사시킨 주축도 노동당 정치인들이었다. 그러나 노동당의 '엘리트주의'와 팔레스타인에 대한 온건한 태도를 비판해온 우파 리쿠드당이 세력을 불리고 유대 종교 정당과 극우 정당들이 늘면서 이스라엘의 정치는 점점 오른쪽으로 이동해갔다. 네타냐후는 그런 경향을 주도한 인물이자 수혜자였다. 1993년 리쿠드당 대표가 됐고, 1996년 총선에서 오슬로 협정의 주인공 중 한 명인 시몬 페레스를 1퍼센트 포인트 차로 제치고 총리가 됐다. 당시 이스라엘 역사상 최연소 총리였고, 건국 이후 이스라엘 안에서 태어난 최초의 총리였다.

총리로 재직하면서 팔레스타인에 대한 적대적인 감정을 드러내고 야세르 아라파트와 대립하기도 했으나, 미국과 요르단의 중재로 1999년 팔레스타인과 '와이리버 협정'을 체결해 영토분쟁을 끝낼 계기를 마련하기도 했다. 그러나 이 때문에 우파들이 돌아선 데다 개인적인 문제와 부패 스캔들로 구설에 올랐으며, 1999년 총선에서 패해 사임한 뒤 잠시 정계에서 물러났다.

하지만 2002년 아리엘 샤론 총리 정부의 외무장관으로 컴백하더니 2003년에는 재무장관이 됐다. 샤론은 1980년대 레바논 내 팔레스타인 난민촌 학살을 조장하고 서안의 유대인 정착촌 건설을 주도한 군 출신의 강경파 정치인이었다. 2000년 일부러 동예루살렘의 이슬람 성지를 방문, 팔레스타인의 '2차 인티파다'를 부르고 이듬해 총리가 됐다. 그러나 집권한 뒤에는 가자지구 군 철수와 서안의 일부 정착촌 철거를 결정하며 영토분쟁을 마무리하려는 뜻을 내비쳤다. 네타냐후는 이에 반대하며 사표를 던졌다. 정치적 승부사였던 네타냐후는 2009년 총선에서 리쿠드가 제1당이 되지 못했음에도 불구하고 노동당과의 연정 구성에 성공, 총리로 복귀했으며 2021년까지 집권했다.

이스라엘의 어느 정부든 팔레스타인인들에게는 모두 가혹했지만 네타냐후는 그중에서도 초강경파로 분류된다. 2009년 가자를 침공해 대량살상을 일으킨 것이 대표적이다. 네타냐후는 이란에도 핵의혹 시설을 폭격하겠다고 수차례 위협했다.[34] 2022년 총선에서 극우파가 포함된 우파 연정을 승리로 이끈 그는 퇴임 1년 반 만에 재집권했다. 하지만 부패죄로 기소된 처지에서 재판과 처벌을 피해 보려고 대법원의 권한을 줄이는 '사법 개편'을 밀어붙여 이스라엘 역사상 최대 규모의 시위를 촉발했다. 국내는 물론이고 미국 등 서방국가의 거센 반발에 부딪쳐 정치적 위기를 겪던 네타냐후에게 하마스의 기습 침공은 일종의 구명줄이 된 셈이었다.

하마스의 지도부는 어떤 인물들일까. 가자지구 자치정부의 최고 책임자는 하마스의 이스마일 하니예 총리이다. 1962년 가자에서 태어났다. 인티파다에 참여했다가 이스라엘에 체포돼 1989년부터 3년 동안 옥살이를 했다. 1992년 석방됐으나 하마스의 설립자 야신과 함께 레바논으로 추방됐다. 이듬해 가자로 돌아와 하마스의 지도자로 급부상했다. 이스라엘 언론은 2023년 하마스의 공습과 이스라엘군의 가자 폭격이 벌어지는 동안 하니예가 카타르 도하에서 지도부와 함께 안전히 머무르고 있다고 비난하기도 했다.[35]

요르단강 서안의 자치정부 수반은 마무드 압바스로, 국제사회는 그를 팔레스타인의 공식적인 행정 수반, 즉 대통령으로 인정하고 있다. 1935년 영국 위임통치령이던 팔레스타인 갈릴리의 사페드에서 태어나 이집트에서 법학을 공부하고 모스크바에서 박사학위를 받았다. 1958년 아라파트와 함께 파타운동을 창설, 아라파트가 PLO 의장을 맡는 동안 오른팔 노릇을 했다. 해외망명 시절 아라파트와 더불어 요르단과 레바논, 튀니지 등지를 전전하며 팔레스타인의 대의명분을 설파하며 동지들을 넓혀나갔다. 아랍 지도자들이나 정보기관장들과 폭넓은 인맥을 쌓아온 덕에 PLO 자금 모금책으로 역량을 발휘했고 사무총장 자리에까지 이르렀다.

2004년 아라파트가 사망한 뒤 후계자가 됐고 선거에서 승리해 이듬해 자치정부의 수장이 됐으며 이스라엘에 맞선 무장투쟁을 끝내겠다고 선언했다. 일각에서는 '미국의 하수인'이란 비판까지 제기하고 있지만, 그가 실용주의 온건 노선을 걸어온 것은 꽤 오래전부터다. 평화협상이 본격적인 궤도에 오르기 전인 1970년대에 이미 이스라엘 온건파와의 대화를 주창했고, 1993년의 오슬로 평화협정도 사실상 그의 작품이었다는 분석이 많다. 2000년대 2차 인티파다에 대해 "역효과만을 낳을 뿐"이라고 공개 비판했다.[36]

압바스의 위상은 2006년 총선 뒤 하마스와 반목한 이래로 갈수록 떨어졌고, 하니예가 가자의 총리를 선언하면서 아예 반쪽 수반으로 전락했다. 2023년 이스라엘과 하마스 간의 전쟁에서도 그는 존재감을 전혀 나타내지 못했다.

1917년	영국 총리를 지낸 아서 밸푸어, 유대인들에게 유대 국가를 세우겠다고 약속.
1920년	영국은 팔레스타인을 위임통치령으로 정하고, 인접 지역에 영국의 보호령인 '요르단 왕국'을 세우기로 결정.
1929년	예루살렘을 놓고 유대계 이주자들과 아랍계 원주민 간 유혈 충돌이 벌어짐.
1939년	제2차 세계대전(유럽전선) 발발, 영국은 아랍계의 지원을 얻기 위해 '유대 독립국가 건설을 유보한다'는 입장을 발표.
1946년	유대 테러집단 이르군이 예루살렘의 영국 위임통치 당국을 공격, 91명 사망.
1947년	시온주의자들은 유대인 이민 제한에 항의하며 영국 위임통치 당국과의 전쟁을 선언.
1948년	이스라엘 정부 수립. 이스라엘은 유엔이 중동 분할계획에서 아랍계 영토로 정해놓은 지역까지 점령, 주민들을 살해하고 축출함.
1949년	이스라엘, 유엔 가입. 유엔은 예루살렘을 국제 관할하에 둔다는 결의안을 채택.
1950년	요르단강 서안이 요르단에 병합되고 가자지구는 이집트 지배하에 들어감. 팔레스타인 난민 96만 명이 유엔 구호캠프에 등록되면서 난민촌의 공식 역사가 시작됨.
1956년	이집트가 수에즈 운하를 국유화하자(수에즈 위기) 이스라엘, 영국, 프랑스가 이집트를 공격하고 시나이반도를 점령(제2차 중동 전쟁).
1957년	이스라엘군이 시나이에서 철수하고, 가자 지구는 유엔 통치령으로 돌아감.
1964년	아랍연맹의 지원하에 팔레스타인해방기구(PLO)가 창설됨.
1967년	이스라엘의 동예루살렘 점령과 6일 전쟁(제3차 중동 전쟁). 불법 점령으로 이스라엘의 영토가 현재의 범위에 이르게 됨.
1968년	팔레스타인 내 좌파 그룹인 팔레스타인인민해방전선(PFLP), 여객기 납치 테러.
1969년	야세르 아라파트가 PLO 집행위원장에 취임하면서 핵심 세력으로 부상.
1972년	팔레스타인 '검은 9월단', 독일 뮌헨 올림픽에서 이스라엘 선수단 공격.
1973년	10월(유대력 욤키푸르)에 이집트-시리아 연합군이 이스라엘을 공격(제4차 중동 전쟁). 아랍 산유국들은 서방에 맞서 석유 수출 중단을 선언(1차 오일쇼크).
1975년	레바논 내전에 이스라엘과 시리아가 개입하면서 대리전으로 확대.
1977년	안와르 사다트 이집트 대통령, 이스라엘을 방문해 의회에서 연설(사다트는 1981년 과격파에 암살됨).
1979년	이집트-이스라엘 평화협정 체결
1982년	레바논 남부 시아파 조직 헤즈볼라가 무장투쟁을 선언하면서 레바논 전쟁이 시작됨. 레바논 기독교 민병대 '팔랑헤'가 이스라엘군의 지원 속에 팔레스타인 난민촌에서 학살을 저지름(사브라-샤틸라 학살).
1985년	이스라엘군이 튀니지 수도 튀니스의 PLO 본부를 공습.
1987년	팔레스타인 1차 인티파다(봉기)

　　　　　　1. 나크바, 유대국가의 건국에서 시작된 비극

1988년	가자지구에서 이슬람 저항운동 조직 하마스가 창설됨. 망명 조직인 팔레스타인국민협의회 (PNC)가 독립국가를 선언하자 25개국이 망명정부를 승인함.
1993년	미국 중재하에 이스라엘의 이츠하크 라빈 총리와 팔레스타인 지도자 야세르 아라파트가 오슬로 협정을 체결.
1994년	요르단-이스라엘 평화조약 체결. 팔레스타인 자치정부가 출범하고 라빈과 아라파트는 노벨 평화상을 공동 수상함.
1995년	오슬로 협정에 이은 오슬로II 협정 체결. 라빈은 유대 극우파에 암살됨.
1996년	아라파트, 팔레스타인 자치정부 수반 선출.
2000년	이스라엘, 레바논에서 철군. 강경파 정치인 아리엘 샤론, 동예루살렘의 알아크사 모스크를 방문해 팔레스타인 주민들의 2차 인티파다를 촉발시킴. 인티파다와 이스라엘의 유혈 진압으로 2000~2005년 팔레스타인인 약 3,200명, 이스라엘인 1,000여 명 사망.
2001년	샤론, 이스라엘 총리로 선출.
2004년	아라파트 사망, 마무드 압바스가 팔레스타인 정부 수반이 됨. 하마스 창설자이자 정신적 지도자였던 셰이크 아흐마드 야신, 이스라엘에 암살됨.
2005년	이스라엘군, 가자지구에서 철수.
2006년	팔레스타인 선거에서 하마스가 승리. 미국과 이스라엘은 제재와 봉쇄를 가했고 하마스와 파타 간 갈등과 반목이 격화됨.
2008년 12월 ~2009년 1월	이스라엘, 가자지구 침공. 가자의 유엔 사무소까지 공격함.
2009년	1990년대 총리를 지낸 우파 베냐민 네타냐후가 이스라엘에서 재집권.
2010년	이스라엘, 두바이에서 하마스 지도자 표적 암살.
2012년	하마스가 이스라엘을 미사일로 공격하자 이스라엘은 가자지구를 공습.
2014년	요르단강 서안 중심의 파타와 가자의 하마스가 통합정부를 구성하기로 합의. 그러나 이스라엘은 가자를 공습하고 지상군을 보내 침공함.
2015년	유대인들이 서안에서 팔레스타인 아기를 산 채로 불태워 죽임. 팔레스타인과 이스라엘 양쪽에서 보복의 악순환이 일어남.
2016년	양측 민간인들 사이의 공격과 충돌이 1년 내내 계속됨. 이스라엘 네타냐후 정부는 서안 지구 유대인 정착촌들을 확대. 유엔 안보리는 이스라엘에 정착촌 건설을 중단하라고 요구하는 결의를 채택. 사상 처음으로 미국이 이스라엘에 불리한 안보리 결의안에 거부권을 행사하지 않고 기권함.
2017년	미국 도널드 트럼프 정부 출범, 이스라엘이 불법 점령한 동예루살렘을 포함한 예루살렘을 이스라엘의 수도로 공식 인정.
2018년	미국이 5월 예루살렘으로 대사관을 이전하자 팔레스타인인들의 시위가 일어남. 이스라엘군의 발포로 50여 명 사망. 이스라엘 의회는 이스라엘을 '유대 국가'로 선언하는 법안을 통과시킴.

2019년	트럼프는 이스라엘이 불법 점령한 시리아 골란 고원을 이스라엘 영토로 인정하는 선언에 서명함. 트럼프 정부와 이스라엘은 팔레스타인을 배제한 이-팔 평화계획을 발표('번영으로 가는 평화계획').
2021년	동예루살렘 알아크사 모스크에서 팔레스타인인들의 시위가 벌어지자 이스라엘이 강경 진압. 하마스가 보복으로 로켓포를 발사하자 이스라엘은 가자 지구를 공습하고 지상군을 들여보냄. 15일간의 충돌로 팔레스타인인 250여 명이 숨지고 7만 2,000명이 집을 잃음.
2023년	10월 하마스의 대규모 공격으로 이스라엘과 전례 없는 규모의 전쟁이 벌어짐.

2장
◆
유엔의 주요 결의안들[37]
국제사회가 본 중동 분쟁,
◆

　"2022년 유엔 총회의 결의안들 중에 이스라엘을 향한 것과 나머지 세계 전체에 대한 것을 비교해보자."

　유엔 와치UN Watch라는 단체가 있다. 스위스 제네바에 본부를 둔 국제 비정부기구NGO이고, 유엔 경제사회이사회와 협력하는 유엔의 공식 '협력 기구'다. 콩고민주공화국과 수단, 중국과 쿠바와 러시아와 베네수엘라 등의 인권침해를 고발해온 인권 감시단체를 표방한다. 하지만 AFP통신 등의 분석에 따르면 인권단체라기보다는 유엔이 이스라엘에 불리한 쪽으로 움직이는 것을 막기 위해 활동하는 친이스라엘 로비그룹이다. 이스라엘을 '악마화'하는 투표에서 각국이 찬성하지 않도록 캠페인을 벌이자며 서명 페이지도 연결해놨다.

　이 단체가 2022년 11월 14일 웹사이트에 올린 글에는 이런 내용이 담겨 있다. "2015년부터 올해까지 유엔 총회는 이스라엘과 관련해 140개 결의안을 채택했고 그 나머지 다른 나라들에 대해 내놓은 것은 68개뿐이다. 2006년부터 2022년까지 유엔 인권이사회가 채택한 결의안 중에는 99개가 이스라엘에 관한 것이었고 41개가 시리아, 13개가 이란, 4개가 러시아, 3개가 베네수엘라를 겨냥한 것이었다."[38]

유엔 와치는 유럽연합도 언급했다. 유럽연합이 2022년 유엔 총회에서 이란, 시리아, 북한, 미얀마의 인권 문제와 미국의 쿠바 제재를 비판한 결의안에는 각각 한 차례씩 찬성표를 던졌고 우크라이나를 침공한 러시아에는 6번의 비난 결의에 찬성했는데 이스라엘에 관해서는 무려 10차례나 비난에 동참했다는 것이었다. 그러면서 이 단체는 중국, 베네수엘라, 사우디아라비아, 쿠바, 튀르키예, 파키스탄, 베트남, 알제리 등등을 '덜 비난 받은' 나라들로 꼽았다.

2022년 통과된 결의안들은 '점령당한 시리아 골란 고원' 문제를 다룬 것, '점령 중인 팔레스타인 영토와 동예루살렘, 시리아 골란 고원에서의 유대인 정착촌'을 비판한 것, '팔레스타인 난민 지원'에 관한 것, '동예루살렘을 포함한 팔레스타인 점령지에서 팔레스타인 사람들의 인권을 다루는 이스라엘의 방식'을 비판한 것, '중동에서의 핵확산 위험'을 경고한 것, '동예루살렘 등 팔레스타인 점령지에서 팔레스타인인들의 영구적인 주권과 시리아 골란 고원 점령지 아랍계 주민들의 자연자원에 대한 영구적인 권리'를 명시한 것, '팔레스타인 문제의 평화적 해결'을 촉구한 것 등이다. 골란 고원 문제를 다룬 결의안에는 141개 유엔 회원국이 찬성했고 단 두 나라, 미국과 이스라엘만 반대했다. 25개국은 기권했다. 핵확산을 우려한 것에는

146개국이 찬성했고 미국, 이스라엘, 라이베리아, 캐나다와 남태평양 섬나라 팔라우, 미크로네시아 6개 나라가 반대했으며 26개국은 기권했다. 거의 모든 결의안에 미국과 이스라엘, 몇몇 소국들만 반대했고 나머지 대부분의 나라가 찬성했다.

이스라엘의 입장을 대변하는 이 단체는 이스라엘이 유엔에서 불공정한 대접을 받고 있다고 주장하지만, 유엔에서 비판 결의안이 그토록 많이, 그것도 자신들의 주장에 따르면 '압도적일 정도로' 많이 채택된 데에는 이유가 있다. 이스라엘이 팔레스타인과의 평화 공존을 촉구하고 인권침해와 난민들에 대한 박해를 중단하라는 유엔의 요청을 늘 무시해왔기에 결의안이 되풀이된 것이기 때문이다. 유엔 와치가 내놓은 통계는 이스라엘이 국제사회에서 번번이 손가락질 받는 존재임을 보여주는 증거나 다름없다.

지금까지 유엔에서는 이스라엘-팔레스타인 문제에 관해서는 정말 너무나 많은 결의안이 나왔다. 이스라엘의 행위들을 국제사회가 어떻게 평가해왔는지 보여주는 것이 이 결의안들이다. 그 가운데 중요한 몇 개를 살펴보자.

• 총회 결의 194호(1948년)

1947년부터 1949년까지 이스라엘이 건국되는 과정에서 난민이 된 팔레스타인 주민들을 고향으로 돌려보내기 위한 원칙을 담았다. 결의안 제11조는 "고향으로 돌아가 이웃과 평화롭게 살기를 원하는 난민은 가능한 한 이른 시일 내에 그렇게 할 수 있도록 허용돼야 하며, 귀환하지 않기로 선택한 사람들의 재산과 그 손실에 대한 보상은 국제법 또는 형평성 원칙에 따라 책임 있는 정부나 당국에 의해 이루어져야 한다"고 규정했다. 팔레스타인 측의 '난민 귀환권'을 보장한 결의안이다.

• 안전보장이사회 결의 46호(1948년)

영국이 팔레스타인 영토를 책임지는 의무국으로서 분쟁을 끝낼 책임이 있다고 명시했다. 아랍과 유대계 기관 모두 폭력행위를 즉시 멈추고, 무기 수입도 중단하고, 나중에 어떤 공동체의 권리나 주장을 침해할 수 있는 정치 활동을 자제하고, 전투기나 무기의 영토 내 이동을 금지할 것을 촉구했다.

• 총회 결의 2253호(1967년)

이스라엘이 '예루살렘의 지위를 변경하기 위해' 취한 조치들은 무효이며, 모든 조치를 철회할 것을 촉구했다. 찬성 99표, 반대 0표, 기권 20표, 결석 3표로 채택됐다. 3차 중동전쟁으로 동예루살렘 등 팔레스타인 땅을 점령한 이스라엘의 행위를 무효로 본 것이다.

• 안보리 결의 242호(1967년)

만장일치로 채택된 이 결의는 전문에서 "전쟁으로 영토를 획득하는 것은 용납할 수 없으며, 중동 지역의 모든 국가가 안심하고 살 수 있는 정의롭고 지속적인 평화를 위해 노력할 필요가 있다"고 언급한다. 제1항은 유엔 헌장에 따라 중동에 정의롭고 지속적인 평화를 구축해야 한다면서 (i) 최근 분쟁(3차 중동전쟁)에서 점령한 영토에서 이스라엘 군대의 철수 (ii) 모든 교전 상태의 종결, 해당 지역 내 모든 국가의 주권, 영토 보전, 정치적 독립성, 인정된 경계 안에서 위협이나 무력행위 없이 평화롭게 살 권리를 존중하고 인정할 것을 원칙으로 제시했다.

이듬해 이스라엘도 이 결의를 받아들였고, '결의 242호'는 아랍과 이스라엘 분쟁에 대한 가장 널리 알려진 결의안 중의 하나가 됐다. 이 결의가 뒤에 이스라엘이 이집트, 요르단 그리고 팔레스타인 등과 평화협정을 맺는 토대가 됐다.

• 총회 결의 2443호(1968년)

유엔 헌장과 세계 인권선언, 1949년 채택된 전시 민간인 보호에 관한 제네바 협약을 언급하면서 이스라엘의 팔레스타인 민간인 주택 파괴를 비난하고 난민들의 귀환을 허용할 것을 촉구했다. 이미 같은 문제로 총회와 안보리에서 여러 차례 결의안이 채택된 상태였기 때문에 이스라엘에 이전의 결의들을 따르라고 요구하는 내용도 담았다.

또한 이 결의는 점령지에서 이스라엘이 벌이는 행위를 조사할 특별위원회 설립을 결정했고, 이스라엘에도 협력을 요구했다.

• 총회 결의 2546호(1969년)

이스라엘이 앞선 결의를 지키지 않은 것을 지적하면서 "이스라엘이 점령한 아랍 영토에서 민간인에 대한 집단 처벌, 대량 투옥, 무차별적인 주택 파괴 등 탄압 행위가 새롭게 보고된 것에 심각한 우려를 표명한다"고 밝혔다.

• 총회 결의 3379호(1975년)

찬성 72표, 반대 35표, 기권 32표로 채택됐다. 이 결의는 "시오
니즘이 인종주의와 인종차별의 한 형태임을 결정"했는데, 표결 결
과에서 보이듯이 매우 민감하고 논쟁적인 이슈였다.

이 결의가 나오기 일 년 전에 야세르 아라파트 팔레스타인해방
기구PLO 의장은 유엔 총회에서 "지금 나는 한 손에 올리브 가지를,
한 손에는 총을 들고 있다. 내 손이 올리브 가지를 놓지 않게 해 달
라"는 연설을 했다. '올리브 가지 연설'로 알려진 이 유명한 연설 뒤
아랍국들과 아프리카 국가들, 옛 소련 블록 국가들 사이에서 팔레
스타인에 대한 동정 여론이 더욱 거세졌으며 유대 국가 수립의 근
간이 된 시오니즘을 인종주의로 보는 결의안이 통과된 것이었다.

특히 당시는 남아프리카공화국의 아파르트헤이트(인종 분리) 정
책에 세계의 비난이 거세지던 때였다. 1973년 유엔 총회는 '남아
프리카의 인종주의와 시오니즘 사이의 부정의한 동맹'을 비난하
는 결의를 한 바 있었다. 2년 뒤에 채택된 이 결의는 그 문제를 재
차 언급하면서 남아공과 당시 짐바브웨의 백인 정권, 그리고 시오
니즘을 모두 인종주의로 규정했다. 그러나 이 결의는 1991년 유엔
총회 결의안 46 대 86으로 철회됐다.

• 총회 결의 31/61(1976년)

이스라엘이 유엔의 결의들을 계속 무시하는 것을 비난하고, 안

보리를 향해 "안보리와 총회의 모든 관련 결의안이 이행되도록 하기 위해 효과적인 조치를 취할 것을 촉구"한 결의다.

이 결의는 "유엔 헌장, 국제법의 원칙과 반복된 유엔 결의들을 위반하며 이스라엘이 아랍 영토를 계속 점령하고 있는 것을 규탄한다" "이스라엘이 1967년 이후 점령한 모든 아랍 영토에서 철수하고 팔레스타인 국민이 중동의 모든 국가와 민족이 평화롭게 살 수 있는 기본 전제조건인 양도할 수 없는 권리를 획득하지 않고는 중동의 정의롭고 지속적인 평화를 이룰 수 없음을 재확인한다"고 명시했다. 또 점령지에서 이스라엘이 유대인들을 이주시켜 인구구성을 바꾸려 하는 것을 비난했다.

• 총회 결의 37/82(1982년)

유엔 총회는 1980년과 1981년에 이스라엘의 핵무기 보유에 반대하는 결의안을 채택했으며 1982년 재차 이를 확인하고 중동에 비핵지대를 설립하기 위한 결의안을 다시 통과시켰다. 또한 이스라엘이 남아공의 핵무기 보유를 도운 것을 되풀이해서 비난했다.

남아공은 1990년대 백인 정권이 무너진 뒤 핵무기를 폐기하고 비핵국가가 되는 길을 택했으나, 이스라엘은 미국의 묵인하에 여전히 핵무기를 갖고 있으며 핵무기비확산조약NPT 체제에도 가입하지 않고 있다. 그러면서도 이스라엘은 이란과 시리아, 과거의 이라크 등이 핵무기를 가지려 하고 있다며 국제 제재를 주장해왔고 직접 "핵시설로 의심되는 곳"을 폭격하기도 했다.

총회의 이 결의는 이스라엘이 NPT를 거부하는 것에 우려를 표하면서 안보리가 이스라엘의 핵 활동을 조사해야 한다고 촉구했다.

• 총회 결의 37/123(1982년 12월)

레바논에서 내전이 벌어지고, 이스라엘이 레바논을 침공한 상황에서 채택된 이 결의에는 '중동의 상황'이라는 제목이 붙었다. 결의안은 제네바 협약에 따라 예루살렘과 팔레스타인 땅, 그 외 아랍영토를 점령한 이스라엘이 민간인을 보호할 것을 촉구하면서 "이스라엘의 행동은 이스라엘이 평화를 사랑하는 회원국이 아니며 유엔 헌장에 따른 의무를 이행하지 않았다는 것을 결정적으로 입증하고 있다"고 지적했다.

시리아 골란 고원과 팔레스타인 점령지에서 이스라엘이 벌이고 있는 "모든 정책과 관행이 국제법 및 관련 유엔 결의안을 위반하는 것임을 선언한다"고 못 박으면서 점령지에서의 철수를 요구했다.

뿐만 아니라 "이스라엘이 침략 행위를 저지르고 아랍 영토에 대한 점령과 합병을 영속화하도록 부추기는 이스라엘에 대한 정치적·경제적·재정적·군사적·기술적 지원을 더욱 개탄한다"고 했다. 이스라엘의 불법 행위를 지원해온 미국을 겨냥한 문구다. 이 결의는 모든 유엔 회원국들이 이스라엘에 대한 무기 공급을 중단할 것뿐 아니라 외교·무역·문화에서도 관계를 단절하면서 고립시켜야 한다고 촉구했다.

• 안보리 결의 1322호(2000년)

이스라엘의 강경파 정치인으로 뒤에 총리가 된 아리엘 샤론이

이 해에 예루살렘의 이슬람 성지를 방문해 팔레스타인계의 거센 저항을 촉발했으며, 이스라엘은 유혈 진압으로 대응했다. 그래서 채택된 이 결의는 샤론의 행위를 '도발'로 규정하고 이스라엘의 "과도한 무력 사용"을 규탄했다.

그러나 이스라엘의 무력진압은 계속됐으며 2년 뒤인 2002년 안보리는 다시 결의 1397호를 통해 폭력 사태에 우려를 표명하고 "이스라엘과 팔레스타인 두 국가가 안전하고 인정된 국경 내에서 공존하는 비전"을 재확인했다.

이처럼 유엔에서 이스라엘의 행위는 계속 비판을 받았고 숱한 결의안이 통과됐으나 이스라엘의 무시와 위반 또한 계속됐다. 미국의 비호가 절대적이었다. 2023년 10월 말 하마스의 공격에 대한 보복으로 이스라엘이 가자지구를 침공하면서 민간인들이 대거 숨지자 안보리에 즉각적인 휴전을 촉구하는 결의안이 상정됐으나, 미국이 거부했다. 말로는 가자지구에 '인도적 지원'을 할 수 있도록 이스라엘이 협력해야 한다고 하면서도, 안보리에서는 휴전 결의안에 거부권을 행사한 것이다.

안보리에서는 부결됐지만 즉시 휴전을 촉구하는 결의안이 유엔 총회에서는 통과됐다. 요르단이 내놓은 결의안에 찬성한 나라가 120개국이었고 반대는 14개국, 기권은 45개국이었다.

반대표를 던진 나라들은 미국과 이스라엘, 오스트리아, 그리고 마샬 군도와 미크로네시아 등이었다. 한국은 일본, 영국, 이탈리아, 투발루, 키프로스 등과 함께 기권 국가 명단에 이름을 올렸다.

분쟁의 땅이 된
3대 종교의 성지, 예루살렘

예루살렘은 이스라엘과 팔레스타인 경계에 자리잡고 있는 고도古都이다. 히브리어로 '평화의 도시'란 뜻이지만 아이러니하게도 정작 역사상 늘 바람 잘 날 없는 분쟁의 도시, 유혈의 도시였다.

예루살렘이 특별한 이유는 세계 3대 유일신 종교인 기독교, 유대교, 이슬람교의 성지이기 때문이다.

유대인들에게는 다윗 왕이 통일왕국을 세워 수도로 삼은 곳이자 솔로몬 왕이 최초의 유대교 성전을 세운 곳이며, 구약 성서에서 아브라함이 아들 이삭을 신에게 바치려던 바위가 있는 곳이다. 이슬람 신도들에게는 예언자 무함마드가 천사 가브리엘의 인도로 찾아와 승천한 곳이 바로 예루살렘이다.

인구는 약 100만 명인데 유대계가 약 60퍼센트이고 아랍계 즉 팔레스타인인이 40퍼센트에 조금 못 미친다. 유대계 주민 중 약 20만 명은 이른바 초강경 유대교 근본주의자로 분류된다. 아랍계 기독교 인구는 약 1퍼센트로 추정된다.

'지붕 없는 박물관'인 유서 깊은 예루살렘 안에서 기독교, 유대

© Berthold Werner

3대 종교의 성지, 예루살렘

교, 이슬람의 성지들이 몰려 있는 구시가는 팔레스타인 땅이지만 이스라엘이 불법 점령하고 있는 동예루살렘에 있다. 구시가지의 면적은 0.9평방킬로미터에 불과하며 성벽에 둘러싸여 있는데, 무슬림 구역과 기독교인 구역, 유대인 구역, 아르메니아인 구역으로 나뉘어 있다. 1981년 유네스코는 예루살렘 구시가지를 세계문화유산에 지정했는데, 어느 나라의 유산인지는 밝히지 않은 채 그저 도시명과 함께 '요르단이 제안한 유적'이라고만 표현했다. 요르단이 유네스코에 신청해 지정된 것은 사실이다. 당시 미국은 예루살렘을 이스라엘이 실효 지배하고 있으니 요르단에게는 신청 자격이 없다고 반대했지만 유네스코는 요청을 승인했다.

예루살렘의 최고 성지는 1982년 이래 '위험에 처한 세계유산' 중 하나로 분류된 템플 마운트다. 아랍어로는 하람 알샤리프라고 하는데 '고귀한 성소'라는 뜻이다. 이곳에는 사우디의 메카, 메디나의 모스크와 함께 이슬람의 3대 성지 가운데 하나인 알아크사 사원이 있다. 알 아크사는 '메카로부터 가장 먼 모스크'를 뜻한다. 그뿐 아니라 솔로몬 왕의 유대교 성전이 세워졌던 곳, 예수의 무덤 위에 세워진 것으로 추정되는 성묘 교회도 있다.

예루살렘은 늘 갈등과 충돌의 땅이었고, 수없이 파괴된 후 다시 세워졌다. 200년이나 계속된 십자군 전쟁 동안 가톨릭과 동방교회, 이슬람 세력이 이 도시를 차지하려고 숱한 피를 뿌렸다. 예루살렘은 결국 오스만투르크의 지배를 받게 됐으나 제1차 세계대전 뒤 오스만 제국이 붕괴하자 영국과 프랑스에 점령됐다.

이스라엘은 1948년 1차 중동전쟁 때 예루살렘 서쪽을 점령했고 이듬해 수도로 선포했다. 1967년에는 동쪽 지역까지 점령했으며 1980년에는 동·서 예루살렘 전체를 '이스라엘의 영원한 수도'로 선포하는 법률을 발효시켰다. 하지만 국제사회는 예루살렘을 이스라엘의 수도로 인정하지 않고 있다.

미국의 입장은 이중적이었다. 오슬로 평화협정이 체결되고 2년 뒤인 1995년 미국 상하원은 '이스라엘 대사관법'을 가결했다. 미국 대사관을 텔아비브에서 예루살렘으로 이전한다는 것이 그 내용이었다. 외교 관계에 관한 제네바 협약에 따르면 각국 정부는 타국의 '수도'에 대사관을 설치해야 한다. 즉 미국이 대사관을 이전한다는 것은 예루살렘을 이스라엘의 수도로 인정한다는 의미다. 다만 이 법에는 유예조항이 붙어있는데, 대통령이 외교적 이해관계를 고려해 결정을 6개월간 보류할 수 있다는 내용이다. 이 조항을 근거로 빌 클린

턴, 조지 W 부시, 버락 오바마 대통령 모두 대사관 이전 결정을 유예했다. 도널드 트럼프 대통령도 전임자들처럼 잠시 유예 조치를 승인했으나, 2017년 12월 6일 예루살렘을 이스라엘의 수도로 인정하고 미국 대사관 이전 계획을 공식화해 거센 반발을 샀다. 이듬해 예루살렘의 미국 대사관이 문을 열자 팔레스타인인들의 저항과 시위가 벌어졌고 이스라엘은 유혈 진압으로 맞섰다.

조 바이든 미국 대통령은 1967년 경계선을 기준으로 한 '두 국가 해법'을 지지하고 있다. 1967년 경계는 이스라엘이 3차 중동전쟁을 통해 동예루살렘, 요르단강 서안, 가자지구를 점령하기 이전의 상태를 가리킨다. 팔레스타인이 줄곧 주장해왔던 것이며 유엔이 누차 결의한 것이기도 하다. 이스라엘이 주장하는 것은 '2004년 경계'다. 그해 미국 조지 W. 부시 행정부는 이스라엘이 요르단강 서안에서 정착촌들을 유지할 수 있도록 해주겠다고 약속함으로써 1967년 경계를 무력화하는 걸 부추겼다. 그 뒤로 미국의 입장은 정권교체에 따라 다시 바뀌었으나 이스라엘은 자신들에게 유리한 2004년 경계를 고집하고 있다.

3장

◆

이스라엘은 어떻게
무법자가 되었나

◆

　이스라엘은 모사드Mossad를 위시한 정보기관들이 유능하기로 유명한 나라다. 세계 전역에서 정보활동을 하면서 암살 공작 등을 서슴지 않아 악명을 떨쳐 온 이스라엘의 정보기관들이 정작 2023년 하마스의 대규모 공격 앞에서는 정보 전쟁에 실패했다는 분석들이 나왔다.

　이스라엘의 정보기관들은 단순한 정보기관이 아니라 팔레스타인에 대한 통제와 탄압을 유지하는 메커니즘이자 이스라엘이 벌여온 숱한 전쟁의 한 축이다. 미국 등 서방국들이 이스라엘에 유리한 조치를 취하도록 유도하고 여론을 움직이는 도구이기도 하고, 동시에 미국이 냉전 시절부터 대놓고 할 수 없는 공작들을 대신 해주면서 미국의 손발이 되어준 존재이기도 하다.

이스라엘의 '비선 국가'가 된 정보기관

여러 영화나 소설에 등장해 이스라엘 정보기관들 중 가장 유명해진 모사드의 공식 명칭은 '정보 및 특수작전 연구소'다. 이스라엘 건국 이듬해인 1949년 창설됐다. '신베트Shin Bet'로 더 많이 알려져 있는 비밀 경호대, 군 정보기관인 아만Aman(군사정보국)과 함께 이스라엘의 정보 커뮤니티를 구성하고 있다.

모사드는 정보 수집, 비밀작전과 대테러를 담당하면서 주로 국외 활동을 많이 한다. 모사드의 국장은 총리에게 직접 보고하고, 특수작전은 총리의 허가를 받아 수행한다. 모사드의 모든 작전은 이스라엘 총리가 직접 관할한다는 얘기다. 의회가 아닌 총리에게 보고하는 기구이기 때문에 이스라엘 내의 '딥 스테이트deep state(비선 정부)'라 불리기도 한다. 직원 7,000명에 연간 예산이 30억 달러가량 되는 것으로 알려져 있지만 정보기관들이 대개 그렇듯이 정확히 공개돼 있지는 않다.

공식적으로는 이스라엘군의 소장 계급에 해당하는 국장이 이끄는 것으로 돼 있으나 조직 구조 역시 기밀로 분류되어 있다. 해외 첩보 활동과 첩보 요원 운영을 담당하는 부서, 특수작전을 수행하고 '암살 유닛'을 운영하는 부서, 전자감시와 도청 등을 맡은 부서 등등이 있는 것으로만 알려져 있다.

모사드가 수행한 작전들의 목록은 길고도 길다. 1950년대 이집트에서 독일인으로 위장한 스파이 볼프강 로츠를 활용해 군사정보를 빼내 중동전쟁에 써먹은 것, 1960년 나치 전쟁범죄자 아돌프 아이히만의 거주지를 알아내 아르헨티나에서 이스라엘로 비밀리에 끌고 간 것 등은 첩보 활동의 역사에서 늘 나오는 사례들이다. 아이히만은 이스라엘에서 재판을 받고 처형됐다. 반인도 범죄를 저지른 인물이긴 했지만 아르헨티나는 주권침해에 항의하지 않을 수 없었다. 당시 유엔 안보리는 아이히만의 범죄 같은 혐오스런 행위를 용인해서는 안 된다면서도, 아이히만 '납치'가 주권국가의 권리에 기반한 국제질서를 흔들고 불안과 불신을 조성할 수 있다고 비판했다. 모사드는 또 다른 나치 전범을 외국에서 납치하려다가 안보리의 이같은 결의 뒤 포기했다고 한다.

모사드는 미국 정보기관에 '아랍 테러범' 관련 정보를 제공하는 단골 협력자이기도 하다. 9·11 테러 한 달 전인 2001년 8월 모사드는 미 연방수사국FBI과 중앙정보국CIA에 "200여 명의 테러리스트가 미국으로 잠입해 대규모 공격을 벌이려 한다"는 첩보를 전달했다. 그러나 미국이 이 첩보를 어떻게 다뤘는지는 구체적으로 드러나지 않았으며, 결국 사상 초유의 테러가 일어나면서 미국의 정보전 실패가 두고두고 도마에 올랐다.

아랍에미리트, 바레인, 사우디아라비아 등 중동 국가들도 모사드와 협력을 한다. 사우디와 다리로 연결된 섬나라인 바레인은 좁은 바다를 사이에 두고 이란과 마주하고 있는데, 이란과 팔레스타인 등에 대한 정보를 이스라엘에 건네주는 것으로 알려져 있다. 사우디는 이스라엘과 줄곧 사이가 나빴지만 이란 핵 프로그램 정보를 얻으면 모사드에 전달하는 것으로 의심받는다.

이란, 시리아, 이라크 '핵 의혹' 뒤에는 모사드가

1979년 이란에서 이슬람 혁명이 일어나기 전까지 이란 친미 왕정의 정보기관 사바크SAVAK는 사실 모사드와 긴밀한 관계였다. 사바크 자체가 미국과 이스라엘 정보장교의 지도하에 1957년 만들어진 전제 왕정의 친위조직이었다. 그러나 1960년대 미국이 이란 민족주의 정권을 전복시키는 쿠데타에 개입한 사실이 알려지면서 미국과 이란 사이의 정보 협력이 줄어들었다. 그 대신 모사드가 이란에서 더욱 활발히 활동했다.

이란 왕정이 무너지고 반미 성향의 이슬람 공화국이 수립된 뒤로는 이스라엘과 적대관계로 돌변했다. 모사드는 이란 반정부 인사들의 외국 망명을 돕고, 이란 핵 과학자와 핵기술자들을 살해하고, 사이버 공격을 하고, 이란과 주변국들의 협력을 차단하기 위한 공작들을 벌여왔다. 이를테면 2011년 10월 이란 정예부대인 혁명수비대의 한 군사기지에서 폭발이 일어나 미사일 프로그램을 담당해온 고위간부 등 18명이 사망한 사건이 있었는데 여기에 모사드 개입설이 제기됐다. 2018년 모사드는 테헤란에 있는 이란의 비밀 핵 문서 보관소에 침투해 10만 건이 넘는 문서와 컴퓨터 파일을 이스라엘로 밀반출한 뒤 미국에 내줬다.[39] 미국이 이란을 압박하고 고립시키려 하는 데에는 '근거 자료'를 끊임없이 물어다 주는 이스라엘이 있는 것이다.

이란 핵 개발 의혹을 부추기고 미국의 압박을 유도하는 것이 2000년대 이후 이스라엘 정보기관들의 주된 업무 중 하나라면,

모사드 문장紋章

1970~80년대에는 이라크가 그와 같은 공작 대상이었다. 당시만
해도 이라크의 사담 후세인 정권은 미국과 긴밀한 관계였지만 이스
라엘은 지역 패권을 꿈꾸는 이라크를 끊임없이 의심했다. 1979년 4
월 모사드 요원들은 프랑스의 툴루즈에서 이라크 원자로 부품을 건
설하는 공장에 폭발을 일으켰다. 1981년에는 아예 이라크의 원자로
자체를 공습해 파괴했다.

　　2007년 7월 시리아의 무기 저장고에서 폭발이 일어나 시리아
군 15명과 이란인 10명이 목숨을 잃었다. 역시 이스라엘의 소행이
었다. 9월에는 시리아의 '원자로'를 이스라엘이 공습했다. 이른바
'과수원 작전'이라고 불린 이 공습 뒤 이스라엘은 현장에 북한 핵기
술자들이 있었다면서 시리아-북한 핵 커넥션 의혹을 제기했다. 그
러나 공습당한 시설은 폐무기고였고, 이스라엘 주장은 증거가 부족

한 것으로 드러났다.[40]

북한과 관련해서는 또 다른 사건도 있다. 1991년 모사드 요원들이 모로코의 카사블랑카 항구에서 화물선에 추적장치를 설치했다. 북한 미사일을 싣고 시리아로 가려던 것으로 알려졌다. 이스라엘군이 이 배를 폭파시키려고 했으나 이스라엘 라빈 총리가 불허해 작전이 취소됐다고 한다. 2018년 시리아 고위 과학자 아지즈 아스바르가 차량폭탄으로 살해됐는데, 그는 모사드가 시리아의 화학무기 프로그램 책임자로 지목한 인물이었기에 『뉴욕타임스』등은 이스라엘이 배후에 있다고 보도했다.[41]

악명 높은 암살 공작

무엇보다도 모사드는 법도 국경도 없이 멋대로 암살을 저지르는 것으로 유명하다. 팔레스타인의 저항문학 소설가이자, 저항조직 팔레스타인인민해방전선PFLP의 대변인이었던 저명한 작가 가산 카나파니를 1972년 차량폭탄으로 암살했다. 같은 해 독일 뮌헨 올림픽에서 팔레스타인 게릴라 조직 '검은 9월단'이 이스라엘 선수단 숙소를 공격하자 그 보복으로 검은 9월단 지도자들을 살해했다.

1988년 튀니지에서 PLO의 주축인 정치조직 파타를 창설한 할릴 알-와지르를 암살했고, 오슬로 평화협정 2년 전인 1991년에도 야세르 아라파트에 이어 PLO의 2인자였던 살라흐 칼라프를 살해했다. 아라파트 암살은 여러 차례 시도했다. 아라파트를 노린 특수작전팀도 있었다. 아라파트가 2004년 사망한 뒤 이스라엘의 독살이라는 소문이 계속 돌았던 것도 이 때문이다.

하마스의 또 다른 고위간부 이즈 엘-딘 셰이크 칼릴은 2004년 시리아 다마스쿠스에서 차량에 설치된 폭탄이 터져 사망했는데 역시 모사드 소행으로 추정됐다. 모사드는 1997년 요르단에서 하마스 지도자 칼리드 마샬을 독극물로 살해하려다 실패한 전력이 있었다. 네타냐후 당시 총리가 요르단 수도 암만으로 날아갔으나 요르단 국왕이 만나주지도 않아 국왕 동생에게 사과하고 돌아와야 했다. 이 사건 여파로 이스라엘은 하마스 운동의 창시자 아흐메드 야신을 풀어줬지만, 야신은 2004년 결국 이스라엘의 미사일 폭격에 살해됐다. 공습으로 타깃 인물이 있는 건물이나 차량에 미사일을 퍼붓는 이런 살인들을 '테러용의자 표적 살해targeted killing'라고 부르기도 한다. 최근에는 드론을 이용하는 경우도 있다. 표적 살해라 하면 '암살'보다는 덜 은밀한, 조금은 공식적인 군사작전 같은 뉘앙스로 들리지만, 명백한 불법적 살인 행위다. 팔레스타인 저항조직 지도부는 언제나 이스라엘 정보기관의 이런 암살 위협 속에서 살아간다.

모사드는 1990년대부터는 레바논 헤즈볼라 지도자들도 살해했다. 레바논 시돈에서 2006년 팔레스타인의 또 다른 정치조직인 이슬람지하드PIJ 지도자 마흐무드 알 마주브를 살해한 것도 모사드로 추정된다. 레바논은 여러 종교와 종파로 갈라진 나라다. 모사드는 레바논에서 드루즈파와 수니파, 기독교도 등 여러 종교 공동체와 정부 관리들을 포섭해 대규모 스파이망을 구축하기도 했다. 헤즈볼라와 이란에 관한 정보를 얻기 위해서였다. 2009년 레바논 안보당국은 역으로 헤즈볼라의 도움을 받아 이스라엘 스파이 혐의자 약 100

명을 체포했다. 그에 앞서 2006년에는 모사드를 대신해 암살을 자행해온 조직을 적발했다.

서방 국가 인사라고 암살 대상에서 제외되는 것은 아니다. 1990년 벨기에 브뤼셀의 아파트에서 캐나다 엔지니어이자 탄도학 전문가인 제럴드 불이 여러 발의 총을 맞고 숨졌다. 불은 이라크에서 무기 개발 프로젝트를 돕고 있었다.[42] 그의 살해도 모사드 소행이라는 의혹이 제기됐다. 다만 이 사건에 대해서는 CIA 소행이라는 얘기도 있다.

국제적으로 가장 큰 비판을 부른 사건 중 하나는 두바이 암살사건이다. 2010년 1월 아랍에미리트 두바이의 호텔에서 하마스 고위 간부인 마흐무드 알 마부흐가 살해됐다. 위조여권을 가진 최소 26명의 암살팀이 저지른 짓이었다. 이스라엘이 영국, 아일랜드, 호주, 프랑스 등의 여권을 위조한 사실이 드러나면서 이들 국가가 대거 반발했다. 아일랜드는 모사드 요원들이 이 작전을 위해 더블린의 이스라엘 대사관에서 아일랜드 여권 8개를 부정 발급받은 사실이 드러나자 이스라엘 외교관을 추방했다.

비슷한 종류의 외교갈등은 전에도 있었다. 1984년 모사드 요원들이 나이지리아 정치인 우마루 디코를 납치하려다 런던에서 적발됐다. 공항 세관 직원들이 나이지리아로 향하려던 상자 안에서 디코를 발견했고, 모사드 요원들과 그들을 도운 마취 의사가 영국 법원에서 징역형을 선고받았다. 1986년에는 서독의 한 전화 부스에서 위조된 영국 여권들이 들어있는 가방이 발견됐다. 모사드 작전용 여권들이었다. 분노한 영국 정부는 이스라엘에 사과와 재발 방지 약속

을 받아냈으나 2010년 두바이 사건에서 그대로 되풀이됐다. 2004
년에는 호주 국적 이스라엘인들이 중증 장애인인 양 뉴질랜드 여권
을 부정 취득하려다가 들통났다. 모사드의 소행임이 드러나자 뉴질
랜드는 이스라엘에 격하게 항의했고 이스라엘 외무장관이 공식 사
과했다.

체포와 구금, 고문…국내 보안기관 신베트

　　모사드가 주로 국외 활동을 한다면, 샤바크Shabak 또는 신베트
('보안서비스'의 머리글자에서 나온 말)라는 약칭으로 더 잘 알려진
이스라엘 보안국은 국내 정보를 주로 다루는 보안기관으로 모토는
'보이지 않는 방패'다. 1948년 이스라엘군의 한 부서로 설립됐다가
별도의 기관이 됐다.

　　신베트의 주요 성과 중 하나는 1956년 소련 공산당 서기장 니
키타 흐루쇼프가 전임자 이오시프 스탈린을 비난한 연설의 사본을
입수한 것이었다. '폴란드 공산당 관리의 비서의 남자 친구'가 바르
샤바 주재 이스라엘 대사관에 제공한 것으로 알려졌다. 이스라엘은
이 연설문을 미국과 공유했고, 미국이 이를 세계에 공개했다. 하지만
소련에서 이 연설은 비공개가 아니었고 여러 출처를 통해 서방에 전
달됐으며 신베트의 '전설'은 사실과 다르다는 반론들이 뒤에 나왔다.

　　신베트는 1967년 이집트와 전쟁을 하면서 이중 첩자를 활용,
이집트가 공군 작전을 도외시하게 만들었다. 스파이전에 흔히 등장
하는 기만 작전의 성공적인 예로 꼽힌다. 그러나 정작 본연의 임무

에 참혹하게 실패한 사건도 있었다. 오슬로 평화협정을 주도한 이츠하크 라빈 총리가 1995년 이스라엘 우익 급진주의자에게 암살됐다. 암살 음모에 관한 정보가 사전에 입수됐고 신베트 요원에게 암살자를 감시하는 임무가 맡겨졌으나 이 요원은 위협이 되지 않는다고 보고한 것으로 드러났다. 이 사건 뒤 신베트 국장이 책임을 지고 물러났다.

2차 인티파다로 유혈사태가 끊이지 않던 2003년 11월, 신베트의 전직 수장 4명이 이스라엘 정부를 향해 팔레스타인과의 평화협정을 촉구한 일도 있기는 했다. 그러나 팔레스타인인들을 마구잡이로 구금하고 고문하는 신베트의 인권유린은 상시적으로 이뤄진다. 이스라엘 내에서도 평화운동가들과 인권단체들이 소송까지 내면서 신베트의 행위를 막으려고 애썼다. 1999년 이스라엘 대법원은 "목과 머리가 움직이도록 용의자의 상체를 강하고 반복적으로 흔드는 것" "용의자를 고통스러운 자세로 묶어두는 것" "발가락 끝을 연속적으로 구부리는 것" 등을 포함한 사실상의 고문 행위를 금한다고 판결했다. 이런 고문들은 신베트가 워낙 자주 써먹던 것이라 이스라엘에서는 '샤바크(신베트) 자세'라고 불린다.

신베트는 그 뒤로 '심리적 수단'만을 심문에 쓰고 있다고 주장하지만, 평화운동 단체들과 국제앰네스티는 신베트가 국제법상 고문에 해당되는 행위를 여전히 하고 있다고 비판한다. 또한 모사드와 마찬가지로 신베트 역시 군과 협력해 팔레스타인 무장조직 지도부를 암살해왔다.

아만은 보통 '정보부'라 불리는 군사기관이다. 그 모태는 이스라엘 건국 전에 팔레스타인인들을 공격하고 학대하고 쫓아내는 데 주력한 유대 조직 하가나Haganah다. 1950년 이스라엘군 참모부에서 정보부가 분리되면서 아만이 창설됐다. 육해공군의 일부가 아닌 독립적인 부서로서 산하에 사이버전 부대, 비밀 기술부대, 특수작전 부대 등을 두고 있다. 2000년 이스라엘군은 아만과 별도로 지상군 전투정보 수집군단을 새로 만들어서 아만의 전투 정보기능 일부를 떼어줬다.

이처럼 막강한 정보기관들을 둔 이스라엘이 정작 하마스의 공격 때에는 왜 사전에 차단하지 못했을까.[43] 일부 미국 관리들은 '이란 지원설'에 무게를 둔다. 하마스 자체는 그런 공격을 감행할 능력이 부족한데 이란이 하마스를 도왔기 때문에 이스라엘이 당할 수밖에 없었다는 논리다. 그러나 이스라엘이 저 멀리 이란이 아니라 자신들 옆에 족쇄를 채워 묶어둔 가자지구 하마스의 움직임을 파악하지 못한 것은 정보 실패로밖에 볼 수 없다는 지적이 많다.[44] 이스라엘 정부 내에서는 하마스를 계속 압박해온 만큼 대규모 공격을 감행할 능력이 없다고 보는 시각이 많았으며 이것이 한 원인으로 지적됐다. 하마스의 기습공격 뒤 신베트 국장은 사퇴했다.[45]

가려진 전쟁, 수단 내전

꿍연

　이스라엘과 팔레스타인의 싸움에는 늘 세계의 시선이 쏠린다. 중동이 에너지 지정학에서 중요한 곳이기도 하고, 중동 분쟁이나 전쟁의 파장이 강대국들 관계에도 큰 영향을 미치기 때문이다. 반면에 아프리카나 아시아의 분쟁, 특히 내전들에는 각국 정부나 미디어의 관심이 적기 마련이다. 인도적 재앙이 벌어지고 외국인들의 탈출이 일어나면 잠시 국제사회의 눈길이 쏠리는가 싶다가도, 어느새 시야에서 사라지기 마련이다.

　그런 곳들 중 하나가 수단이다. 2023년 봄 수단에서 정부를 운영하던 두 군벌 간 권력 다툼이 내전으로 비화해 외국인들이 대거 탈출하는 소동이 벌어졌고, 한국도 부랴부랴 교민들을 빼 왔다. 그러나 수단 내전 소식은 이내 미디어에서 사라졌다. 하지만 이 분쟁은 수많은 이들에게 여전히 영향을 미치고 있다. 수단 내전의 성격과 파장을 이해하려면 수십 년 동안 계속돼온 사막 지대의 비극을 들여다봐야 한다.

　아프리카 북동부 드넓은 땅을 차지하고 있는 수단에는 다르푸

118

수단 다르푸르 난민캠프

르라는 지역이 있다. 사하라 사막이 커지고 목초지가 줄어들자 아랍계 무슬림 유목민들이 남쪽으로 내려와 아프리카계 농경민들과 충돌하면서 중앙정부의 묵인과 방조 혹은 지원 속에 무장집단을 만들어 원주민들을 학살하고 쫓아냈다. 2003년부터 10년 넘게 세계의 '인도적 재앙'을 만들어낸 대표적인 분쟁이었던 '다르푸르 사태'다.

수단은 면적이 190만 평방킬로미터에 이르는 큰 나라다. 다르푸르만 해도 넓석이 50만 평방킬로미터, 한국의 다섯 배다. 그런데 수도 하르툼의 중앙정부는 다르푸르를 늘 무시하고 소외시켜왔다. 그러던 터에 사하라 주변 건조지대인 사헬의 가뭄이 심해졌고 기근이 일어났다. 먹고 살기 힘들어진 다르푸르 서부의 아랍계 주민들은 1980년대부터 잔자위드Janjaweed라는 무장집단을 만들어 약탈을 저지르기 시작했다. 학살과 납치와 노예 매매가 횡행했다. 300만 명이 난민이 됐고 30만 명이 목숨을 잃었다.

하르툼의 독재자 오마르 알바시르는 잔자위드를 척결하기는커

넝 편들고 밀어줬다. 다르푸르의 저항을 찍어누른 뒤 잔자위드를 아예 정규군으로 편성했다. '신속지원군RSF'이라는 이름을 붙여주고 2013년 악명 높은 군벌 모하메드 함단 다갈로를 지휘관으로 앉혔다. 다갈로는 정규군이 된 옛 민병대 조직을 사병처럼 운용했다. 또한 금광, 목축업, 인프라 건설 등 온갖 사업에 손을 대 돈을 챙겼다.

2019년, 압델 파타 부르한 장군이 2019년 알바시르 대통령에 맞서 쿠데타를 일으켰다. 당시 하르툼에선 1993년부터 이어진 알바시르의 30년 독재에 항의하는 시민들의 거센 항의시위가 일어나고 있었다. 부르한은 시위대에 총구를 들이대고 권력을 잡았다. 독재자를 등에 업고 출세한 다갈로는 그 독재자를 몰아낸 쿠데타에 재빨리 가세했다. 자신을 키워준 알바시르와 손절하고 부르한 장군 편에 선 것이다. 하지만 부르한과 다갈로는 이내 민주주의를 요구하는 시민들을 배신했고, 권력을 장악하기 위해 '하르툼 학살'을 저질렀다. 인권단체들에 따르면 숱한 주검이 나일강에 던져졌고 수백 명이 끌려가 고문과 성폭행을 당했다.

다갈로와 마찬가지로, 부르한에게 정치적 발판이 되어 준 곳 역시 다르푸르였다. 다르푸르 정규군 사령관을 지낸 부르한은 지금은 독립국가가 된 남수단과의 전쟁에서도 수단군을 지휘했고 2018년 육군 참모총장이 됐다. 알바시르가 궁지에 몰린 사이에 슬그머니 중장으로 진급하더니, 쿠데타 뒤 과도군사위원회의 의장을 맡았다. 그러나 수단인들이 보기에 실세는 부의장인 다갈로였다고 한다. 하르툼의 시위대를 짓밟고 알바시르 잔당들을 몰아낸 주역은 다갈로의 군대였기 때문이다. 부르한은 자신을 수단의 통치자로 만들어준 다갈로의 군대에 부담을 느꼈고, 군 편제를 바꿔 잔자위드 세력을 몰아내려고 시도했다. 거기 반발한 다갈로는 또다시 반란을 일으켰다.

이것이 2023년 4월 수단에서 '두 군벌의 싸움'으로 알려진 충돌이 일어난 배경이다. 그 중심에는 다르푸르에서 잔뼈가 굵은 두 사람이 있었다. 하지만 이 혼란을 이해하려면 수단 내부의 정치 사정뿐 아니라 이 나라를 둘러싼 국제정치적인 맥락을 이해할 필요가 있다.

알제리와 콩고민주공화국에 이어 아프리카에서 세 번째로 넓은 국토를 가진 수단은 홍해를 사이에 두고 아라비아반도와 마주 보고 있다. 인구 4,800만 명 중 70퍼센트는 아랍계이고 나머지는 베자족, 누바족, 푸르족 등 아프리카계다. 역사는 이집트 못잖게 오래전으로 거슬러 올라간다. 기원전 2500~1500년 케르마 왕국이 있었으나 이집트 신왕조에 복속됐다가 기원전 8세기에 쿠쉬 왕국이 세워져 1,000년을 갔다.

기원후 4세기에 쿠쉬가 무너진 뒤 '누비아인'으로 불리는 원주민늘이 기독교를 받아들이고 여러 왕국을 세웠다. 하지만 14~15세기 이후 아랍계 유목민들이 들어오면서 이슬람화됐다. 중부와 동부는 16세기부터 300년 동안 오스만투르크 제국의 영향권하에서 '푼지스탄' 혹은 '푼지 술탄국'이라 불린 흑인 무슬림 왕국이 지배했고, 서부의 다르푸르에는 케이라 왕조라는 별도의 나라가 섰다.

19세기에는 이집트와 오스만 제국이 수단을 점령하고 노예 공급처로 삼았다. 그 후 수십 년은 이집트와 영국이 수단을 공동통치했다. 1952년 왕정을 무너뜨리고 영국군을 축출한 이집트 새 정권은 수단을 놓아 주기로 결정했고 마침내 1956년 수단은 독립국으로 재탄생했다.

이후의 역사는 쿠데타와 군부 독재로 점철됐다. 1969년부터 16년간 집권한 자파르 니메이리는 사회주의자이자 범아랍주의자로 이집트의 나세르를 추종했고, 리비아의 카다피와 가까웠으며, 한동안 마오쩌둥주의를 추구하기도 했다. 그러나 친소련 반정부 진영의 쿠데타 시도를 겪은 뒤 말년에는 이슬람주의로 돌아섰다. 무슬림이 다수인 북부와 기독교도 및 아프리카계 주민들이 많던 남부 사이의 갈등이 심해졌다. 내전이 일어났고 훗날 남수단이 갈라져 나가게 만든 원인이 됐다.

1989년 집권한 알바시르는 이슬람을 내세워 비무슬림 주민들을 탄압하고 체제에 반대하는 이들을 구금, 고문, 학살했다. 그의 집권기에 30만~40만 명이 살해된 것으로 추정된다. 경제는 당연히 악화됐다. 땅도 넓고 자원도 많지만 1인당 실질국내총생산GDP이 4,000달러에도 못 미치는 세계 최빈국이다. 2021년에는 물가상승률이 380퍼센트를 기록했다. 성인 인구 40퍼센트는 글을 못 읽는다.

하지만 알바시르 집권 기간 발전에서 뒤처지고 최악의 인권 기록을 남겼음에도 불구하고 수단은 산유국으로 발돋움했다. 50억 배럴로 추정되는 원유 매장량에 눈독 들인 중국은 수단에 거액을 투자하며 후원자가 되었다. 주민들의 가난과는 상관없이 정권은 원유를 팔아 얻은 이익을 독식했고, 걸프 산유국들에 붙어 서방에 맞서는 시늉을 했다. 알바시르는 국제형사재판소ICC에 전쟁범죄 혐의로 기소됐으나 아랍연맹 회원국들의 비호를 받으며 버젓이 걸프를 드나

들었다.

　그를 몰아내고 권력을 차지한 자들도 다를 바 없었다. 쿠데타 직후 과도위원회를 꾸린 부르한은 2019년 5월 첫 외국 방문으로 이집트와 아랍에미리트를 찾아갔다. 거기에 지금은 적이 된 다갈로도 동행했다. 다갈로가 실세가 된 데에는 걸프국들의 후원도 한몫했다. 그는 사우디아라비아와 아랍에미리트가 예멘을 침공했을 때 신속지원군을 보내 도왔고, 리비아 내전에서도 UAE가 밀어주는 진영을 도우려고 병력을 보냈다. 그랬다가 수단에서 두 군벌이 싸움을 벌이자 사우디와 UAE는 허둥지둥 중재에 나섰다. 홍해 개발에 나선 사우디는 긴 바다를 공유하는 수단이 내전으로 불안정해지는 걸 원치 않으며, UAE는 수단에 대규모 농업투자를 해놓은 상황이기도 했다.

　이집트도 나섰다. 부르한 장군이 군 시절 이집트에서 훈련을 받은 적이 있어서 인연이 깊은 까닭에, 이집트는 부르한 쪽을 지지하는 것으로 알려졌다. 그뿐 아니라 이집트에는 다른 이해관계도 있었다. 우크라이나 전쟁에서 악명을 떨친 러시아의 용병회사 바그너그룹은 다갈로와 깊은 관계를 맺어온 것으로 알려졌다. 미국 『뉴욕타임스』 등의 보도에 따르면 다갈로와 신속지원군은 수단의 주요 금광을 차지하고 있는데, 바그너에 보안을 맡기면서 긴밀해졌다고 한다.

　러시아는 알바시르 시절부터 수단과 밀착해 있었고 한때 수단에 해군기지를 짓기로 합의한 적도 있었다. 알바시르 축출로 허사가 될 판이었으나 다갈로가 홍해의 원유 수출항인 포트 수단에 군사기지를 짓게 해줄 수 있다며 러시아에 손짓했다. 이집트는 뒷마당에 러시아 군사기지가 들어서는 걸 원치 않는다. 또 나일강 물싸움을 벌이고 있는 에티오피아와의 관계에서 수단이 자신들 편을 들어주길 바라는데, 이 문제에서도 부르한이 더 협조적일 것으로 기대했다. 부르한은 다갈로와의 싸움이 내전 양상으로 치달은 뒤에도 뒷배격인 이집트를 찾아가는 등 친밀감을 과시했다.[46]

수단에 이렇다 할 지렛대가 없는 미국을 비롯한 서방 국가들은 하르툼에 전투기들이 날아다니고 포연이 치솟자 자국민들을 빼내는 것만으로도 바빴다. 외국인들이 철수하고 나자 수단 상황에 대한 세계의 관심은 곧 사그라들었다. 하지만 이스라엘-하마스 전쟁에 쏠린 관심에 비해 세계의 시선을 못 받는 동안 수단에서는 여러 무장 세력이 부르한 진영과 다갈로 진영에 가세하면서 계속 사망자가 늘어나고 있다. 2023년 8월까지 약 4,000~1만 명이 숨졌고 410만 명이 수단 내에서 피란길에 올랐으며, 110만 명 이상이 난민이 되어 국외로 탈출한 것으로 추산된다. 유엔은 수단을 떠나 주변국들로 이동하는 난민이 2023년 말까지 180만 명에 이를 것으로 보고 있다.[47]

3부 　　　　아랍의 봄과 시리아 내전

1장

♦

겨울이 된 봄

민주화로 가는 길,

♦

시리아 남부의 다라. 2011년 3월 이 도시의 담벼락에서 정부를 욕하는 낙서가 발견됐다. 아이들이 끄적인 낙서였다.

사실 아무 것도 아닌 일이었다. 하지만 시리아에서는 아버지 하피즈 알 아사드(1930~2000)에 이어 대를 이어 독재를 해온 바샤르 알 아사드 대통령이 억압적인 통치를 해오고 있었다. 아버지가 1971년부터 대통령을 지냈고 2000년 사망하자 그 아들이 대통령이 됐으니, 부자가 반세기 넘게 권력을 휘둘러온 셈이었다.

아사드 정권은 아이들의 낙서조차 용납하지 않았다. 2010년 말부터 아프리카 북부에 있는 튀니지를 시작으로 중동과 북아프리카의 독재정권들에 맞선 시민들의 저항이 거세게 일어나고 있었던 때였기에 더더욱 위기감을 느꼈을 것이다. '아랍의 봄'이라고 부르는 민주화 시위가 시리아로도 번질까 두려워한 아사드 정권은 아이들을 붙잡아갔다. 낙서를 한 죄로 아이들은 처참한 고문을 받았고 그 사실이 알려지자 다라에서는 대규모 시위가 일어났다.

내전으로 이어진 아이들의 낙서

시위는 곧 전국으로 확산됐다. 아사드 정권은 시위대를 대거 체포하고, 강경 진압과 구금과 고문으로 대응했다. 급기야 4월이 되자 전국 주요 도시에 군대가 배치돼 시위대에 발포했다.

그러나 저항은 가라앉지 않았고, 정부군의 장교들과 병사들 일부가 시위대 편에 서기 시작했다. 튀르키예(터키)와 국경을 접하고 있는 북부 지역에서는 시민들이 군대의 무기를 빼앗아 정부군에 맞섰다. 군 장교들 중에서도 정권을 버리고 시민들 편에 선 이들이 나왔다. 반정부 진영에 합류한 장교들은 자유시리아군FSA 결성을 선언했고, 민주주의를 요구하는 시위는 내전으로 치달았다. 반정부 진영이 하나의 세력이나 조직으로 통합돼 있지는 않았지만 곧 대표를 꾸려 튀르키예 등의 지원을 받으며 '시리아 국민협의회' 같은 기구를 만들어 아사드 정권에 맞선 싸움을 이끌게 된다.

어떤 지역에선 반정부군이 우세했지만 막강한 무력을 가진 정부군과 시민들의 부대가 맞서 싸우면 시민들이 불리할 수밖에 없었다. 수도 다마스쿠스, 시리아에서 가장 큰 도시이자 경제 중심지인 유서 깊은 알레포, 서부의 중심 도시 홈스 등 곳곳이 정부군의 포화를 맞았다.

해가 바뀌어 2012년이 되자 다급해진 정부군은 주택가나 시장을 공격해 여성과 아이들을 비롯한 민간인들을 학살했다. 내전이 일어난 지 1년 만에 1만 명 이상이 목숨을 잃었다. 유엔이 중재에 나서서 정부군과 반정부군이 휴전을 하기로 했지만 약속은 지켜지지 않았다. 결국 이 해 6월 유엔은 "시리아는 내전 상태에 있다"고 공식 선언한다.

반정부군은 튀르키예와 인접한 시리아 북부에 사령부를 두고 군수품을 공급받았지만 다마스쿠스와 알레포에서는 정부군과 싸우기에 역부족이었다. 이런 도시들에서 정부군은 '통폭탄barrel bomb'이라 불리는 야만적인 무기를 쓰기도 했다. 드럼통 안에 폭발물질과 쇳조각들을 넣어 공중에서 떨어뜨려 터뜨리면 쇳조각들이 산산이 흩어지며 주변에 있던 사람들을 다치게 한다. 이걸 통폭탄이라 부른다. 혼잡한 시장 골목에 이런 폭탄을 터뜨리는 것은 민간인들을 무차별 살상해 정부에 맞서 싸울 의지를 꺾기 위한 것이었다. 유엔과 국제 인권단체들이 거세게 비판했지만 아사드 정권은 자기네 국민을 상대로 이런 짓을 저질렀다. 유엔이 2021년 내놓은 보고서에 따르면 내전 9년 동안 정부군은 무려 8만 2,000개의 통폭탄을 퍼부었다. 이 때문에 1만 1,000명 이상이 숨졌는데 그 가운데 1,800여 명은 아이들이었다.[48]

2013년, 3년째를 맞은 전쟁은 시민들이 원하지 않았던 방향으로 향하기 시작했다. '알누스라 전선' 같은 이슬람 극단조직들이 싸움에 끼어든 것이다. 중동과 북아프리카의 독재정권들이 대개 그랬듯이, 아사드 정권 역시 자국민들을 탄압하면서 이슬람 세력도 함께 억눌러왔다. 풀뿌리 이슬람 운동이 독재정권에 불만을 품은 민중의 시위로 비화할까 우려했기 때문이었다. 그런데 내전이 일어나 정부의 힘이 흔들리자 이슬람 세력이 반아사드 전쟁에 가담하기 시작했다. 그중에는 이슬람 극단주의자들도 있었는데, 이들이 바라는 것은 시민들이 원하는 민주주의와는 전혀 거리가 먼 국가 체제였다. 시민들의 권리, 특히 여성들의 권리를 극도로 억압하는 이슬람 신정神政 국가를 세우겠다는 자들이 끼어들면서 전쟁은 변질되어 갔다. 극단 조직은 심지어 끔찍하게 인체를 훼손하거나 잔혹한 방식으로 살해하는 만행을 저질렀다.

정부군과 반정부군의 싸움이 벌어지고, 정부를 지지하는 '친정부 민병대'들까지 나서서 주민을 공격하는 일이 이어지면서 인명피해는 갈수록 커졌다. 자유시리아군을 비롯한 반정부 진영과 이슬람 극단세력에 더해 시리아 내의 소수민족인 쿠르드족도 나서면서 아사드 정부와 여러 세력이 다투는 상황으로 치달은 것이다.

'세계 최대의 소수민족'이라고도 하는 쿠르드족은 대략 2,000만~3,000만 명으로 추산된다. 자신들만의 나라가 없이 이라크와 튀르키예, 이란, 시리아 등에 흩어져 살아온 이들은 독립국가를 꿈꾸기에 각국의 탄압을 받곤 했다. 주로 시리아 북부에 거주하는 쿠르드족 역시 아사드 정권의 탄압을 받아왔으나, 강한 의지와 전투력으로 똘똘 뭉쳐 내전 기간에 사실상 국가나 다름없는 자치지역을 만들었다. 아사드에 맞서는 한편, 이슬람 극단 세력과의 싸움에서 맹활약한 것도 쿠르드족 무장조직들이었다. 훗날 미국 도널드 트럼프 정부가 이들을 사실상 배신하고 아사드 정부군의 공격에 노출되게 만드는 바람에 국제적인 비난이 일기도 했다.

화학무기까지 쓴 아사드 정권

전쟁의 피해는 너무나 컸다. 내전이 시작된 지 3년 만에 10만 명 이상이 숨졌다. 심지어 정부군은 국제법에서 금지하고 있는 화학무기까지 썼다. 2013년 8월 다마스쿠스 외곽의 구타에서 화학무기 공격이 벌어져 어린이들을 비롯해 수백 명이 목숨을 잃었다. '휴먼 라이츠워치' 같은 인권단체가 조사에 나섰고, 아사드 정권의 짓으로 보인다는 보고서를 발표했다. 하지만 이때 이해할 수 없는 일이 벌어진다. 유엔 조사단이 들어가서 화학무기 피해 실태를 조사하고 반기문 당시 유엔 사무총장에게 보고서를 제출했는데[49], 화학무기가 쓰였다는 걸 확인해놓고도 누가 썼는지는 보고서에 적지 않았던 것이다.

핵무기, 화학무기, 생물학무기를 '대량살상무기WMD'라 부른다. 핵무기의 경우, 미국이 제2차 세계대전 때 일본에 투하한 것이 지금까지 핵무기를 전쟁에 동원한 유일한 사례다. 화학무기와 생물학무기가 간혹 전쟁에 쓰인 적이 있으나 민간인들을 무차별 살상하는 것이라 국제법은 엄격하게 금지하고 있다. 미국은 '대량살상무기를 보유하거나 보유하려 하는 것, 다른 나라에 확산시키는 것'을 용납하지 않겠다면서 이를 '레드 라인(금지선)'이라 부르곤 했다. 뒤에서 좀 더 자세히 살펴보겠지만, 심지어 있지도 않은 대량살상무기 의혹을 들쑤셔서 이라크를 공격하는 빌미로 삼기도 했다.

그런데 시리아 내전이 일어났을 때 미국은 아프가니스탄과 이라크 두 곳에서 전쟁을 치르느라 여력이 없었다. 당시 미국 버락 오바마 정부는 전임 공화당 정부가 일으킨 전쟁의 뒷수습을 하기 바빴고, 아프간과 이라크에서 빨리 미군을 빼내는 것에 관심이 더 컸다. 두 전쟁이 오래 이어지면서 미국 재정이 거덜나고 미군 피해도 너무 커진 탓이었다. 어쩌면 시리아 사람들이야말로 외부의 도움이 필요했을 터인데, 미국은 전쟁에 끼어들 뜻이 없었다.

물론 미국이 나서는 것이 옳다고만 볼 수는 없다. 그 나라에서 벌어진 일은 그 나라 사람들이 해결하는 것이 맞다. '주권'의 문제이기도 하고, '민족 자결'의 문제이기도 하다. 하지만 어떤 나라의 정권이나 무장세력이 자국민들을 학살하는 반인도적인 범죄를 저지를 때, 국제사회가 무력을 써서라도 개입해야 하는 상황이 생길 수도 있다. 시리아가 바로 그런 사례였다. 그런데 아사드 정권의 화학무기 공격에 미국도 국제사회도 별반 대응을 하지 않았다. 이런 분위기가 '가해자'를 밝히지 않은 유엔 보고서로 이어졌던 것이었다. 아사드 정부가 여러 차례 화학무기를 쓰고 나서야, 2017년 유엔 조사단은 비로소 시리아 정부의 소행임을 확인하는 보고서를 냈다.

시리아 내전 때 국제사회는 둘로 갈라졌다. 아사드 정권을 유지시키는 것에 관심 있는 진영과, 자국민을 학살하는 아사드 정권이 물러나야 한다는 쪽으로 나뉜 것이다. 다만 양측이 다른 점이 있었다면 아사드를 지키려는 나라들은 적극 개입했던 데에 반해 아사드를 비판해온 나라들은 시리아 시민세력과 반정부군을 지원하는 데 적극적이지 않았다는 사실이다.

러시아의 푸틴 대통령은 이전부터 러시아 안의 이슬람 소수민족들이 러시아로부터 분리독립을 하겠다고 할 때 강도 높게 탄압한 인물이었다. 사실 그가 정치적으로 입지를 다진 것 자체가 유라시아 복판에 있는 체첸 자치공화국의 분리주의자들을 가혹하게 짓밟아 독립 목소리를 내지 못하게 만든 '공로' 덕분이었다. 푸틴은 '아랍의 봄' 시민혁명이 일어나 중동과 북아프리카의 독재정권들이 흔들리자, 러시아에서도 이슬람 정치세력들이 기승을 부릴 수 있다며 극도로 경계하는 입장이었다. 게다가 시리아는 미국과 적대적이었던 반면에 러시아와는 상대적으로 가까운 관계였다. 옛 소련 시절부터 이어져 온 우호 관계가 있었기 때문이다.

그래서 푸틴 정권은 아사드 정권 편에 서서 무기 지원·반정부군 공격 등 적극 지원했다. 물론 이해관계도 작용했다. 시리아 서쪽, 지중해를 끼고 있는 라타키아라는 항구에 러시아군 기지가 있다. 1990년대 초반 소련에서 갈라져 나간 국가들 중에는 여전히 러시아 군사기지가 남아 있는 곳들이 있다. 하지만 옛 소련권이 아닌 나라에 러시아가 갖고 있는 유일한 해외 군사기지가 바로 라타키아의 기지다.

튀르키예는 튀르키예대로, 반정부 진영 가운데 자신들과 친한 쪽을 지원했다. 튀르키예는 자국 내 쿠르드족이 독립을 주장하려고 하면 몹시 가혹하게 탄압해온 역사가 있다. 그런 까닭에 시리아의 쿠르드족에도 매우 적대적이었다.

시리아 북쪽에 튀르키예가 있다면, 남서쪽에는 레바논이 있다. 레바논 헤즈볼라는 오랫동안 시리아 정권의 지원을 받았기 때문에 아사드 편에 섰다. 헤즈볼라로서는 '돈줄'이 그쪽이니만큼 어쩔 수 없는 선택일 수도 있었지만, 이로 인해 이스라엘에 맞서고 팔레스타인과 '아랍의 대의'를 주장해온 헤즈볼라의 정당성이 흔들리게 된 것도 사실이다. 아무리 변명을 한들 아사드 정권은 자국민들을 대를 이어 수십 년 동안 짓눌러온 독재정권이고, 내전이 일어나자 민주주의를 요구하는 시민들을 폭격하고 학살했기 때문이다.

'극단주의와의 전쟁'으로 변질

이렇게 주변 국가들과 여러 세력이 얽히면서 시리아 내전은 극도로 복잡한 상황으로 치달았다. 시간이 흐르면서, 국제사회의 관심은 시리아 내전 자체나 아사드 정권 축출 여부보다 이슬람 극단세력 문제로 향하게 된다. 특히 그렇게 만든 것은 '시리아-레바논 이슬람국가'라고 불리는 조직이 시리아 북부는 물론이고 동쪽 이웃인 이라크의 일부 지역까지 장악한 사건이었다.

2001년 미국에서 사상 초유의 공격을 일으킨 테러조직 알카에다와 관련 있는 극단주의자들이 2000년대 중반에 이라크에서 '이라크 알카에다'라는 이름으로 활동한 적이 있었다. 미국의 침공으로 이라크에서 사담 후세인이 축출되고 2006년 새 정부가 세워졌다. 이 극단주의자들은 미군과 이라크 새 정부에 맞서 폭탄 테러 등 유혈사태를 일으켰다. 이 충돌이 외부 세계에 '종파 간 무력 충돌'로 알려진 것은, 이라크 새 정부의 주축이 이슬람 시아파인 반면에 사담 후세인 잔당들과 무장 조직원들이 수니파였기 때문이다.

미군과 이라크 정부의 소탕 작전으로 이 극단주의자들은 사라진 것 같더니만 난데없이 시리아에서 불쑥 튀어나왔다. 이라크 알카에다로 활동했던 자들과 그 추종자들이 시리아 내전을 틈타 힘을 키웠고, 시리아를 거점 삼아 세력을 늘리더니 급기야 국경을 넘어 이라크 제2의 도시인 모술까지 점령했다. 이들은 이슬람 종교 원리가 지배하는 '이슬람 칼리프 국가'를 수립했다고 선언했다. 칼리프는 옛 아랍권의 국가 지도자, 쉽게 말해 왕이나 군주를 뜻하는 호칭이다.

그것이 2014년의 일이었다. 국가 수립을 선언한 이들은 해가 갈수록 점점 조직을 키웠다. 유럽과 중동, 북아프리카 일대의 극단주의자들과 이들의 선동에 넘어간 젊은이들이 시리아로 가서 합류했다. 이들은 '이라크-시리아 이슬람 국가ISIS', '이라크-레반트 이슬람국가ISIL' 혹은 줄여서 '이슬람국가IS' 등등 여러 호칭으로 불렸다. 한국 언론은 대체로 IS라고 표기했지만 중동이나 유럽에서는 이들을 국가로 인정하지 않고 테러조직을 지칭하는 아랍어에서 나온 말인 '다이시'라고 부르기도 한다.

IS는 '국가'를 자처하면서 자체적으로 여권도 만들고 세금도 걷었다. 그러나 세계의 인정을 받지 못한 것은 물론이고, 그 안에 사는 사람들에게는 악몽일 뿐이었다. 이라크와 시리아 국경지대에 살던 소수민족을 살해하고, 여성들을 납치해 성 노예로 삼고, 서방 기자나 구호활동가들을 납치해 무참히 살해했다.

IS 때문에 시리아 내전은 이라크로도 번졌을 뿐 아니라, 곳곳의 극단주의자들이 IS를 추종하며 세계에서 테러공격을 저지르는 상황으로 이어졌다. 9·11 테러 이후 2000년대 중반 한동안 중동과 아시아 등 곳곳에서 대규모 자살폭탄 테러들이 발생해 세계를 흔들었다. 2010년대 중반 IS의 등장과 함께 일어난 일련의 테러들은 다시 세계를 공포에 떨게 만들었다. 2015년과 2016년 프랑스와 벨기에에서 일어난 대규모 동시다발 테러공격이 대표적이다.

이런 공격이 세계의 분노를 부르면서, 시리아 내전은 'IS와의 전쟁'으로 바뀌었다. 시리아의 민주세력을 지원하는 일에는 큰 관심이 없었던 국제사회가, 세계 전체의 위협이 된 IS를 막기 위해 시리아 내전에 개입하게 된 것이다. 미국과 아랍국들, 프랑스와 튀르키예 등은 직접 군대를 대규모로 들여보내지는 않았지만 전투기를 보내 공습하거나, 시리아에서 싸우는 반정부 군사조직 가운데 일부를 지원해서 IS와 싸우게 하거나, 그들에게 무기를 지원하는 식으로 개입했다. 프랑스는 테러공격을 당한 뒤 시리아 앞바다 지중해로 항공모함을 보내 폭격을 하기도 했다.

러시아는 시종일관 아사드 정권을 지원했고 서방은 IS와의 싸움에 집중했으니, 아사드에게는 원래는 적이었던 극단세력이 구세주가 된 셈이었다. 극단세력이 오래가지는 못했다. 이라크가 자국 내 IS를 몰아낸 데 이어, 2017년에는 시리아의 반정부군이 IS의 중심지였던 북부 도시 라카를 탈환했다. 근거지를 잃은 IS 세력은 약해지기 시작했고, 2019년 10월 미군의 공습으로 IS 우두머리 아부 바크르 알바그다디가 사망하면서 사실상 힘을 잃었다.

그렇다면 내전은 끝난 걸까. 2023년 현재 시리아는 더이상 '전쟁터'는 아니며 전후 재건 작업이 벌어지고 있다. 하지만 여전히 시리아인들은 내전의 상처에서 회복되지 않았다. 내전이 3년 진행됐을 때 이미 시리아에 있는 모든 병원의 60퍼센트가 파괴됐다는 보도가 나왔다. 병원과 학교들이 무너지고 숱한 이들이 난민이 됐기에, 내전의 상처는 아마도 한 세대 이상에게 영향을 미칠 것이다. 그리고 무엇보다, 시민들이 피 흘리며 몰아내려고 했던 아사드 정권이 건재하다.

리비아, 이집트...
굴절된 '아랍의 봄'

　　민주주의로 가는 시리아인들의 길은 이토록 멀고 험하기만 하다. 아랍의 봄 혁명을 겪은 다른 나라들은 어땠을까.

　　혁명의 시발점이었던 튀니지는 민주주의의 길을 가고 있다. '민주 진영의 분열'이 늘 여러 곳에서 문제로 지적되곤 하지만 민주주의는 원래 다원적이다. 다양한 세력이 경합하는 것은 본질적 속성이며, 그 과정이 평화롭게 진행되도록 하는 것이 관건일 뿐이다. 튀니지에서는 여러 정치세력이 대화 기구를 만들어 합의를 모색했다. '튀니지 국민 대화 4자 기구'라 불리는 기구가 그것이다. 노동조합 연맹과 산업 연맹, 인권 연맹과 변호사 단체가 머리를 맞대고 민주주의로의 이행 과정을 밟았다. 노르웨이 노벨위원회는 이 기구를 2015년 노벨 평화상 수상자로 선정하면서 "내전 직전까지 갔던 튀니지에서 4자 기구가 행동에 나서 국가적 대화를 이끌어내는 데 성공했다"고 평가했다.[50] 완전히 안정된 민주 국가라고 말하기엔 이르지만, 미국에서 2020년 대선 뒤 유혈사태가 난 것에서 알 수 있듯이 민주주의의 '완벽한 상태'라는 것은 없다. 튀니지는 불안과 걱정 속에서도 그 길을 한 걸음씩 밟아나가고 있을 뿐이다.

반면 북아프리카의 리비아는 내전을 겪었다. 무아마르 카다피가 40여 년 동안 권력을 휘둘렀던 리비아는 이웃한 튀니지에서 시작된 시민혁명의 물결이 맨 먼저 전파된 나라였다. 카다피의 정부군과 반정부군 간에 내전이 벌어지자 국제사회는 카다피 군이 민간인들을 학살하는 것을 막기 위해 무력을 동원했다. 유엔 안보리의 승인에 따라 나토 국가들과 몇몇 중동 국가가 개입해서 카다피 정권을 몰아내는 것을 도왔다. 카다피는 반정부군에게 붙잡혀 사막에서 처형됐다. 그러나 그 이후 반정부 진영은 분열됐다. 서로 주도권을 잡겠다고 다투며 둘로 갈라진 리비아의 정치세력을 프랑스, 튀르키예, 아랍에미리트, 카타르 등등이 각기 나뉘어 밀어주면서 갈등을 부추겼다. 그래서 2023년까지도 리비아는 스스로 '정부'라 주장하는 두 세력이 존재하는 상황이 이어지고 있다. 다만 시리아처럼 극한의 내전으로 치닫지는 않았고, 권력을 사실상 나눠 가진 채로 국가가 운영되는 형편이다.

이집트에서는 40년 농안 절권통치를 했던 독재자 호스니 무바라크 정권이 시민혁명으로 무너졌다. 그 뒤 2011년부터 3년 정도 '민선 정부'가 꾸려진 시기가 있었다. 선거를 통해 집권한 것은 이슬람 정치조직인 '무슬림 형제단' 세력이었다. 이집트는 종교 정치에 반대하는 세속주의 경향이 매우 강한 나라다. 국민 다수가 이들을 지지했다기보다는, 오랜 독재를 거치며 야당이나 시민사회 기반의 정치세력이 성장할 수 없었던 탓이 컸다. 군부를 빼면 사실상 유일하게 조직력을 갖춘 집단이었던 형제단이 선거에서 이겼지만 이들

1. 민주화로 가는 길, 겨울이 된 봄

은 민주주의를 원한 시민들의 뜻을 무시하고 종교적 권위주의로 가려다가 저항에 부딪쳤다. 그 틈을 타 군부가 사실상의 쿠데타를 일으켰고, 이를 주도한 국방장관 출신의 압델팟타흐 엘시시가 2014년부터 줄곧 집권하고 있다.

튀니지와 리비아, 이집트는 아랍계 주민들이 다수여서 아랍국으로 분류되지만 위치상 아프리카의 북부에 있다. 아랍의 봄이 번져간 중동 지역의 국가들 중에 시리아가 겪은 참혹한 내전을 앞에서 설명했는데, 아라비아반도에 있는 나라들 가운데 예멘에서도 전쟁이 일어났다. 하지만 양상은 시리아와는 좀 달랐다.

예멘에서도 2011년 시민들의 저항 속에 장기집권자가 쫓겨났다. 그러고 나서 압드라부 하디라는 인물이 집권을 했다. 하디는 여러 정치세력과 권력을 분점하기로 약속을 했으나 지키지 않았다. 갈등이 커졌고, 특히 '후티'라 불리는 세력이 하디에 거세게 반발했다. 여기까지는 예멘 내부의 일이다. 그런데 사우디와 아랍에미리트가 2015년부터 예멘을 공격하기 시작했다. 두 나라가 이유로 든 것은 후티 반군이 이란과 친하다는 것이었다. 이란의 지원을 받는 후티를 소탕하기 위해 자신들이 나섰다는 얘기였다.

걸프 아랍국들의 맏형 역할을 자처해온 사우디는 페르시아만(아라비아해)을 사이에 두고 이란과 마주 보고 있다. 이란은 민족적·언어적으로 아랍과 다르다. 페르시아의 후손으로, 파르시(페르시아어)라는 언어를 쓴다.

종교적으로는 같은 이슬람이지만 사우디나 아랍에미리트 등 대부분의 아랍국이 이슬람의 종파 중에 다수파인 수니인 것과 달리 이란 국민의 절대다수는 시아파에 속한다. 2023년에 중국이 중재해서 사우디아라비아와 이란이 화해를 추구하기로 합의를 하기는 했지만, 그전까지 아랍국들은 이란과 사이가 아주 나빴다. 그래서 사우디가 예멘의 후티를 "이란의 지원을 받는 세력"이라 비난하면서 공습을 시작한 것이었으나, 남의 나라 내정에 간섭한, 명분 없는 공격이었고 민간인 지역까지 마구잡이로 폭격하는 바람에 주민들 피해가 컸다. 내전과 국제전이 결합된 예멘 전쟁으로 지금까지 40만 명가량이 숨졌고 수많은 난민이 생겨났다. 시리아 내전은 세계의 관심이라도 받았지만, 걸프 국가들의 예멘 공격은 무관심 속에 재앙이 벌어진 사건이었다.

2장

◆

세
계
를
울
린
한
장
의
사
진

◆

전쟁이 오래도록 이어지는 사이에 시리아에서는 계속 사람들
이 죽어갔을 뿐 아니라, 삶의 터전을 파괴당한 이들이 난민이 되어
집을 떠나야 했다. 시리아 안의 다른 지역으로 피한 이들, 즉 국내
난민IDPs(국내 유민)도 있었고 아예 국경을 넘어 다른 나라로 피란
길에 오른 이들도 많았다. 전쟁이 시작됐을 당시 시리아의 인구는
약 2,400만 명이었는데 그 가운데 1,400만 명이 난민이 됐고 국외
로 떠난 난민 숫자가 680만 명에 이르렀다. 난민들이 옮겨간 나라
는 130여 개국에 이르지만, 특히 시리아와 이웃한 요르단과 튀르키
예가 가장 많은 난민을 끌어안았다. 튀르키예에 있는 시리아 난민만
350만 명에 이르렀을 정도였다. 요르단의 자타리라는 곳에는 거대
한 난민캠프가 생겨서 천막촌이 사막을 가득 메웠다.

어떤 난민들은 튀르키예 같은 이웃 나라들을 거쳐서 육로로 국
경을 넘거나 지중해를 건너 유럽으로 향했다. 그러던 중에, 2015년

2. 세계를 울린 한 장의 사진

세계를 울린 아일란 쿠르디의 주검

9월 한 장의 사진이 세계에 충격을 안겼다. 튀르키예의 휴양지인 보드룸의 바닷가에서 3살 아이 아일란 쿠르디의 주검이 발견된 것이다. 아일란은 형편없는 보트에 몸을 싣고 가족을 따라 지중해를 건너려다가 물에 빠져 숨졌고, 주검이 해안으로 떼밀려 왔다. 모래밭에 숨겨 있는 3살 아이의 모습은 시리아 내전의 참혹함을 세상에 알렸고, 세계가 이 참극에 할 말을 잃었다. 알자지라 방송은 "이 사진이 세계를 바꾸지 못한다면 무엇이 바꿀 수 있겠는가"라고 했다.[51]

난민들을 보듬어 안자는 목소리가 커졌고, 유럽에서는 독일이 나서서 난민들을 받아들이기 위한 정책을 제안했다. 하지만 유럽인들 가운데 상당수는 난민들이 대거 밀려올지 모른다며 수용을 꺼렸고 '시리아 난민 사태'라 부르는 정치적인 소용돌이가 일어났다.

가자 전쟁 시작되자마자 국경 닫아건 유럽국들

하마스의 공격과 이스라엘의 보복전으로 가자지구가 초토화된 2023년 10월, 이탈리아 정부는 슬로베니아와의 국경을 통제한다고 발표했다. 협약국들 사이에 사람들의 자유로운 이동을 보장해 온 솅겐 협약 적용을 중단하고 국경을 통제하겠다는 것이었다. 이탈리아는 유럽 내 테러공격 위협을 이유로 들면서 불법 이민자 유입을 잠재적 위험으로 꼽았다. 속내는 팔레스타인 난민들이 들어오는 것을 막으려는 것이었을 터다.

이탈리아가 국경을 통제한다고 밝힌 뒤 슬로베니아도 같은 조치를 취했다. 두 나라가 맨 먼저 빗장을 닫아건 데에는 이유가 있다. 중동에서 유럽으로 난민이나 이주자들이 옮겨가는 루트는 배를 타고 지중해를 건너 이탈리아나 그리스로 가는 경로, 그리고 튀르키예를 거쳐서 헝가리 쪽으로 가는 육상 경로가 있다. 슬로베니아는 솅겐 지역의 동남쪽 경계선인 헝가리와 난민 문제에 예민한 이탈리아 사이에 끼어 있는 나라다. 그래서 이탈리아와 슬로베니아가 가장 먼저 반응하고 나선 것이다.

유럽연합EU 내무장관 격인 일바 요한손 내무 담당 집행위원은 가자 전쟁이 벌어진 뒤 "솅겐 협약을 악용하는 사례가 있다"고 말했다. 실제로 이 무렵 유럽연합 본부가 있는 벨기에 브뤼셀에서 튀니지 출신 남성이 스웨덴 축구팬 2명을 살해한 일이 있었다. 유럽의 경계심이 높아진 것도 당연했다.

특히 동유럽의 헝가리, 폴란드 등은 시리아 난민 사태 때에도 매우 강한 거부반응을 보였다. 과거에 두 차례 세계대전과 공산 통치를 거치면서 난민을 많이 내보낸 동유럽 지역이 지금은 난민 문제에서 가장 배타적인 모습을 보이는 것은 역사의 아이러니다. 동유럽에 극우파 정부들이 들어서 있는 것도 난민들에게 냉담한 모습을 보이는 데에 영향을 미치는 요인이다. 헝가리 외교장관은 "셴겐 협약 때문에 국경 통제가 느슨해서 유럽 경제가 어려움을 겪고 있다"는 주장까지 펼쳤다. 물론 사실과 다른 선동일 뿐이지만 잇단 전쟁으로 이런 극우파들의 목소리에 힘이 실리고 있는 것은 분명하다.

유럽에서는 난민 문제를 넘어 아예 셴겐 협약 자체가 흔들리는 것 아니냐는 얘기도 나온다. 이스라엘-하마스 전쟁 이후 독일 베를린에서는 유대교회당을 노린 공격이 일어났고, 프랑스에서도 이슬람 극단주의자의 테러 사건이 있었다. 브뤼셀의 총격범은 이미 추방명령이 내려졌는데도 불법 체류를 하다가 범행을 저질렀다. 이런 사건들이 잇따르자 유럽연합 내에서는 국경 통제와 함께 불법 이주자 송환 문제도 거론됐다. 로이터통신 등에 따르면 2022년 유럽연합 회원국들이 송환을 결정한 것은 42만 건이었으나 실행된 것은 7만 7,000건뿐이었다. 유럽연합은 "자국민 송환에 협조하지 않는 나라들은 국민이 셴겐 지역 비자를 신청할 때 불이익을 받게 될 것"이라고 경고했다.

'열린 유럽' 이상은 물 건너가나

유럽연합은 가자지구 사태가 새로운 이민·난민 협약을 앞당기는 계기가 될 것으로 보고 있다. 2015~2016년 난민 유입 뒤 유럽 국들은 2020년부터 이주 '위기관리'를 위한 새로운 협약을 논의 중이었다. 새 협약은 회원국 간에 이주자들을 공평하게 배분해 받아들일 것, 부담을 나눠 가질 것, 유럽연합의 외부 국경 강화, 망명이 거부된 사람들은 출신 국가로 송환하는 것 등이 핵심이다. 유럽연합은 또 회원국들이 무비자 여행 협정을 좀 더 자유롭게 중단할 수 있도록 허용하는 조치도 준비 중이다. 유럽행 불법 이주자가 많이 나온 국가들에게는 무비자 협정에 제한을 둘 가능성이 크다.

이런 정책들이 통과되면 유럽 내의 난민 문제, 이주민 문제가 '해결'될 수 있을까. 쉽지 않을 것이 분명하다. 자유로운 이동과 관대한 이민 정책은 유럽연합의 이상이자 성공 요인이었는데 그게 흔들리게 되는 셈이며, 현실적으로도 통제하기가 쉽지 않다. 셍겐 지역의 외부 경계선은 5만 킬로미터에 이른다. 그중 80퍼센트는 바다이고 20퍼센트가 육지인데 수백 개의 공항과 항구들, 그리고 육상의 이동로들을 다 막는 것은 불가능하기 때문이다.

그리고 유럽 내의 테러공격 가운데는 불법 체류자가 저지른 것도 있지만 외부 난민들을 주범으로 지목할 수는 없다. 내부에서 차별받는 이민자 가족 출신들이 저지른 사건들도 많았다. 통합과 관용 대신 빗장을 닫아거는 것으로 문제를 해결하는 데에는 한계가 있을 수밖에 없다.

또한 "난민들이 유럽국들처럼 잘 사는 나라로만 가려고 한다"는 주장은 가짜뉴스에 가까운 선동일 뿐이다. 실제 난민들 대부분은 시리아 주변에 머물고 있다. 시리아뿐 아니라 내전을 겪은 아프리카

2. 세계를 울린 한 장의 사진

나 아시아의 여러 나라 출신 난민들도 '부자 나라'들이 아니라 형편이 비슷한 주변 개발도상국에 머무는 경우가 훨씬 많다. 유엔난민기구UNHCR의 통계[52]를 보면 2021년 기준으로 세계에서 난민이 가장 많이 사는 나라는 튀르키예다. 시리아 난민을 비롯해 370만 명이 거주하고 있다. 그다음은 남미의 콜롬비아인데 174만 명의 난민이 머물고 있다.

세 번째는 아프리카의 우간다. 1990년대 아프리카 동부의 르완다에서 내전이 일어났는데 그때 피란 온 이들을 비롯해 148만 명 가량이 이곳에 살고 있다. 네 번째는 파키스탄으로, 아프간 난민을 비롯해 약 144만 명이 체류 중이다. 5위는 123만 명을 받아들인 독일이었고 그다음은 수단, 방글라데시, 레바논 순서였다. 이 가운데 이른바 '부자 나라'라고 할 만한 나라는 독일 정도만 눈에 띌 뿐이다.

예멘 난민이 제주도에 온 이유

난민들 중에는 다른 나라에 정착했거나 정착을 희망하는 사람들도 있지만, 대다수는 고향으로 돌아가기를 원한다. 다만 고향의 전쟁이 끝나지 않았거나, 전쟁 뒤에도 불안정이 이어지고 있거나, 혹은 전쟁으로 경제와 교육 환경 등이 파괴되어 고향으로 돌아갈 수 없어서 못 돌아가는 경우가 많을 뿐이다.

예멘만 해도, 사우디아라비아가 공습을 시작한 뒤 인구 2,800만 명 중 2,200만 명이 외부 도움에 끼니를 의존해야만 하는 상황이 됐고 24만 명이 나라를 떠나 밖으로 나갔다. 그러나 사실 그전까지 예멘은 난민을 내보내는 나라가 아니라 밖에서 온 난민을 끌어안고 사는 나라였다. 예멘은 홍해라는 좁은 바다를 사이에 두고 아프리카의 소말리아와 마주 보고 있다. 소말리아는 내전과 정치적 불안정이 겹쳐 사실상 정부가 제기능을 못하는 나라다. 소말리아에서 도망쳐 예멘으로 간 사람이 28만 명이었다. 예멘에서 나온 난민보다 예멘이 받아들인 난민이 많았던 것이다.

2015년 이후 생겨난 예멘 난민들은 예멘인들의 잘못이 아니라 사우디아라비아의 공격 때문에 생겨났다. 사우디는 미국산 미사일을 예멘에 퍼부으면서 마을과 병원과 예식장과 학교를 초토화했다. 이 일을 주도한 것은 사우디아라비아의 실권자인 무함마드 빈 살만 왕세자였다. 한국의 에너지 기업에도 투자를 했고 한국에도 몇 번이나 방문했던 인물이다.

사우디 때문에 생겨난 난민 중에서 극히 일부인 460명이 2018년 제주도를 통해 한국에 들어왔다. 이들을 둘러싸고 한국에서는 소셜미디어를 중심으로 가짜뉴스가 퍼졌다. 몇몇 언론은 예멘 난민신청자들을 '잠재적인 테러범'으로 몰아가기까지 했다. 그러나 이들이 먼 나라 섬으로 향하게 만든 전쟁이 한국과 완전히 무관한 것일까. 사우디는 원유를 팔아 먹고사는 나라이고, 예멘에 퍼부은 미사일은 원유를 팔아 번 돈으로 사들인 무기다. 한국이 수입하는 원유의 대략 3분의 1이 사우디아라비아에서 온다.

한국은 난민협약 비준국으로, 국제적으로 합의한 난민협약에 따라 난민들을 보호해줘야 할 의무가 있다. 글로벌 사회에서 10위권의 경제 규모를 가진 나라이자 에너지 수입국, 그리고 주요 교역

국가로서 짊어져야 할 윤리적 책임도 있다. 아랍의 봄에서 시작된 예멘 내전과 난민 사태, 한국과 상관없는 남의 일 같지만 사실 세상은 다 이어져 있음을 보여주는 사례다.

3장

◆

어떻게 됐을까
문화유산은
시리아와 이라크의

　　이라크에서부터 시리아로 이어지는 활 모양의 지역은 '비옥한
초승달 지대'라 해서 지구상에서 인류 문명이 최초로 싹튼 곳이다.
시리아는 선사시대부터 로마 제국과 비잔틴 제국 시대, 오스만투르
크 제국 등등 여러 세력이 거쳐가 여러 종교와 문화와 민족이 공존
해온 만큼 수많은 문화유산을 가지고 있다. 로마 시대 건축양식을
그대로 보여주는 팔미라 유적, 세계에서 가장 완벽하게 보존된 십자
군 시대 성채 크락 데 슈발리에 등이 대표적이다. 수도 다마스쿠스
와 알레포 등은 유네스코 세계문화유산으로 지정됐다.

　　하지만 극단조직 이슬람국가IS는 2015년 8월 2000년 된 팔미
라의 고대 신전을 폭약으로 폭파하는 등 의도적으로 문화유산을 파
괴했다. 심지어 유적을 지키던 학자를 참혹하게 살해하고 이를 자랑
하는 만행까지 저질렀다. '사막의 진주'로 불리는 팔미라 연구에 평
생을 바쳐온 팔순의 시리아 고고학자 칼리드 알 아사드는 피란을 가

지 않고 유적을 지키다가 IS에 붙잡혀 보물을 숨겨놓은 장소를 말하라는 요구를 받았다. 그는 IS의 온갖 고문에도 끝까지 버티다가 팔미라 박물관 인근 광장에 끌려 나와 군중 앞에서 참수당했고 그의 시신은 팔미라 한복판의 유적 기둥에 매달렸다. 노학자의 주검은 2021년에야 수습될 수 있었다.[53]

수난의 문화재들

IS는 시리아 북부 라카에서도 6세기 비잔틴 시대의 모자이크 그림을 폭파해 산산조각냈다. 신화를 소재로 한 이 모자이크화는 2007년 발굴됐을 당시 고대 로마의 모자이크 제작 기법을 그대로 보여주는 데다가 보존상태도 매우 좋아 학계의 비상한 관심을 끌었다. 인근의 사슈 함단에 있던 로마 시대 공동묘역의 조각상들, 알 카토라 지역의 조각상도 총탄과 폭탄에 파괴됐다. 비잔틴 시기에 세워진 성 시메온 성당 유적지는 정부군의 훈련장으로 이용되면서 반군의 십중 폭격을 받아 파괴된 것으로 알려졌다. IS뿐만 아니라 알카에다와 연계된 것으로 알려진 무장조직 알 누스라 반군들도 인간의 형상을 한 유물들을 다신교의 우상 숭배물로 몰아 조직적으로 훼손했다.

시리아뿐 아니라, 전쟁에 휘말렸던 이라크에서도 유적과 유물들이 수난을 당했다. IS는 2015년 2월 이라크 북부 도시 모술에서 고대 유물들을 파괴하는 장면을 담은 5분 분량의 동영상을 공개해 세계에 충격을 던졌다. 동영상에는 큰 망치를 든 사람들이 박물관으로 보이는 곳에 전시된 석상과 조각품을 깨뜨리거나 넘어뜨려 부수고, 야외에 있는 거대한 석상을 전동 드릴로 망가뜨리는 장면들이 담겨 있었다. 이 영상에서 IS 대변인을 자처한 남성은 4,000~5,000년 전으로 거슬러 올라가는 고대 아시리아 제국과 아카드 왕국의 '다신주의 숭배'를 비난하면서 "신이 (우상을) 제거하라고 명했으니 이것(고대 유물)들은 수십억 달러짜리라 할지라도 우리에게는 아무런 가치가 없다"고 말했다.[54] 전문가들은 이 영상 속에 등장하는 파괴 장소를 모술 박물관과 모술 외곽 니네베에 있는 '니르갈의 문'으로 확인했다.

티그리스강 동쪽에 있는 니네베는 아시리아 제국의 수도였던 곳으로, 기원전 9세기쯤 세워진 '니르갈의 문'은 니네베로 들어가는 관문이었다. 영상 속에서 IS 대원들은 전동 드릴로 석상을 파괴했는데, 날개 달린 황소의 형상을 한 이 석상은 라마수라 불리는 것으로 '니르갈의 문' 입구에 있었다. IS는 2014년에도 모술에서 약 300년 된 교회와 도미니카 수도원 등을 폭파했고, 모술 공공도서관에서 폭탄을 터뜨려 희귀서적과 고문서 약 1만 점을 한꺼번에 태워 없앴다.

격렬한 내전 동안 이슬람 문화재 역시 수난을 피하지 못했다. 이슬람권에서 가장 오래된 사원으로 알려진 시리아 남서부 보스라의 알 오마리 사원이 정부군과 반군의 전투로 크게 부서졌고, 알레포에 있는 11세기 우마이야 왕조 시절 사원의 유명한 미나레트(탑)는 폭격으로 박살났다. 약탈 피해도 심각했다. 일부 지역에서는 반군들이 아예 굴삭기 등을 동원해 문화재를 파낸 뒤 암시장에 팔아 무기를 사들인다는 소문이 돌았다. 심지어 튀르키예, 이라크, 레바논 등에서 온 약탈꾼들까지 시리아의 문화재를 노렸다. 이라크와 시리아에서 이슬람 창시 이전의 문명과 문화를 우상숭배로 몰았던 IS도 일부 유물을 외국 밀매상들에게 고가로 넘겨 이익을 챙긴 것으로 알려졌다.

알레포 구도심, 팔미라의 유적군, 크락 데 슈발리에를 비롯한 시리아의 유적 6곳은 현재 유네스코가 보호를 촉구한 '위기에 처한 문화유산' 목록에 올라 있다. 고대 메소포타미아 문명 시기부터 존재했던 이라크의 유서 깊은 사마라 유적, 최초로 세계 제국을 건설했던 아시리아의 화려한 문명을 간직한 아슈르의 고대 유적도 위기 리스트에 포함돼 있다.

세계에 충격을 안긴 바미얀 불상 파괴

시리아와 이라크에서뿐 아니라 다른 곳에서도 이슬람 극단주의자들은 가공할 문화재 파괴를 저지른 바 있다. 대표적인 것이 바미얀 불상 파괴다. 2001년 3월 아프가니스탄에서는 1,600년 동안 발밑을 오가는 중생들에게 자비의 미소를 드리웠던 바미얀 석불이 탈레반 극단정권에 의해 무참히 파괴되는 사건이 벌어졌다. 이슬람법에 위반되는 '거짓 우상' 숭배를 막기 위해 전국의 불상을 모두 파괴하라는 탈레반 지도자의 명령에 따른 것이었다.

바미얀은 아프간 중부 힌두쿠시산맥에 있는 도시로, 수도 카불로부터 북서쪽으로 129킬로미터 떨어진 지점에 있다. 5세기의 중국 문헌 『대당서역기大唐西域記』에 범연나국梵衍那國이란 이름으로 등

2001년 탈레반에 의해 파괴되기 전의 바미얀 석불

장하는 유서 깊은 도시이며, 불교 성지이자 동서 문화가 교차하는 실크로드의 요지였다. 바미얀 불상은 5세기경부터 조성되기 시작했고, 천연 그대로의 바위를 깎아 고운 석회로 마무리한 사암 마애석불이다. 높이가 각각 52.5미터와 34.5미터인 석불 2구가 있었는데 큰 것은 세계에서 가장 큰 석불이었다. 『서유기』로 널리 알려진 중국 승려 현장이 630년에, 신라의 혜초 스님이 727년에 이곳을 참배했다는 기록이 있다.

간다라 미술의 아름다움을 보여주던 불상들이 파괴됐을 때 세계는 그야말로 경악했다. 9·11 테러와 아프간 전쟁이 벌어지기 이

전에 탈레반 극단주의의 야만성을 세계에 각인시킨 것이 바로 이 불상 파괴였다. 뒤에 각국의 도움을 받아 아프간 민선 정부가 불상들의 잔해나마 보호하고 복원하려 애썼으나 결코 예전 모습을 찾을 수는 없었다.

2012년 서아프리카 말리에서는 알카에다와 연계된 테러조직 안사르 딘이 툼부투의 이슬람 수피교 영묘 등을 우상숭배라며 파괴하는 만행을 저질렀다. 니제르강 유역에 자리 잡아 '아프리카의 엘도라도'로도 불린 툼부투는 11세기부터 건설되기 시작해서 15~16세기에 전성기를 누렸던 서아프리카의 경제적·지적·영적 중심지다. 14~15세기에 진흙으로 쌓아 올린 징게레베르 사원 등 많은 이슬람 유적을 가지고 있다. 1988년 유네스코의 세계문화유산으로 지정됐지만 2012년 '위기에 처한 문화유산'으로 지위가 변경됐다.

모술 박물관이 다시 열리는 날

모하메드 마키야는 이라크 바그다드 태생으로 1930~40년대에 영국에서 공부했다. 바그다드 국립대학에 건축학부를 개설한 이라크의 대표적인 건축가다. 경력은 화려했지만 곡절도 많았다. 1970년대에 사담 후세인의 바트당 정권에 협력하지 않는다는 이유로 일종의 블랙리스트에 올라 수난을 겪었고, 뒤에 결국 독재정권의 요구에 협력해 공공도서관과 사담 궁전 같은 정권 취향 건물들을 설계하기도 했다.

독재정권이 미국에 의해 축출되는 것을 보면서 그가 어떤 생각

을 했을지는 알 수 없지만, 2015년 사망하기 1년 전에 모술 박물관
이 부서지는 것을 보면서 마음 아파했을 것만은 분명하다. 1952년
에 문을 연 모술 박물관은 중동 전역에 지어진 마키야의 작품 50여
곳 가운데 하나였다. 이라크에서 바그다드에 이어 두 번째로 큰 도
시인 모술은 니네베의 고대 아시리아 제국 유적지 근처에 지어졌다.
IS는 2014년 이 박물관에 불을 지르고 로켓포를 쏘고 약탈을 저질
렀다.

　2017년 이라크 보안군과 IS의 전투가 채 끝나기도 전에, 박물
관의 학자들과 유물을 다루던 직원들은 위험을 무릅쓰고 모술로 돌
아갔다. 프랑스 루브르 박물관, 미국 스미소니언 박물관 등이 지원
하는 국제 파트너십이 구축돼 이라크 당국과 함께 모술 박물관 재건
프로젝트가 시작됐다. IS가 박물관의 유물들을 부수는 동영상을 공
개하자 큰 충격을 받았던 세계의 고고학자들과 박물관들이 힘을 보
탠 것이다. 이런 협력 덕에 님루드의 사자를 비롯한 석조 조각품과
일부 유물들이 복원될 수 있었다.

　건물 자체를 살리는 작업도 진행됐다. 모랫빛 박물관 건물은 IS
가 모술 일대를 2년 반 동안 지배하는 사이에 포탄과 로켓 폭발 자국
으로 그을리고 곳곳의 벽면에 총탄 구멍이 뚫렸다. 다행히 마키야의
원래 설계를 살려 얼추 복원할 수 있었지만, 폭탄이 터지면서 바닥
에 커다란 구멍이 뚫린 한가운데의 아시리아 전시실은 파괴된 모습
을 일부 남겨두기로 했다. 어두운 역사도 역사라는 점을 있는 그대
로 보여주기 위해서다.

　오랜 공사를 거친 모술 박물관은 2023년 5월에 다시 전시회를

열었다.[55] 전시품 중에는 용케 파괴를 피한 것도, 복원된 것도 있고, 원래 바그다드 국립박물관 소장품이었는데 2003년 이라크 전쟁이 시작되기 직전 다른 곳으로 옮겨져 전란을 피한 것들도 있었다. IS와의 전쟁이 끝나고 모술 주변 유적지들을 재정비하는 과정에서 추가로 발굴된 것도 있었다. 모술 박물관의 역사, IS의 패퇴 과정, 앞으로 새롭게 단장될 박물관의 모습을 담은 사진들도 포함됐다. 박물관 공사가 마무리되고 박물관이 완전히 다시 열리는 것은 2026년으로 예정돼 있다.[56] 박물관 측은 그때까지 약탈당한 아시리아, 아카드, 바빌로니아, 페르시아, 로마 유물들을 되찾으려 애쓰고 있다. 암시장으로 팔려나간 고대 유물들은 모술로 돌아가 다시 인류의 유산이 될 수 있을까.

4부 끝나지 않는 전쟁, 아프가니스탄

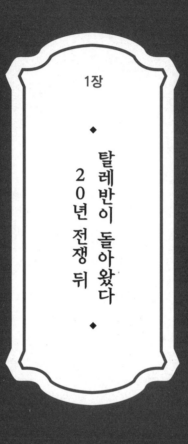

1장

◆

탈레반이 돌아왔다
20년 전쟁 뒤

◆

　　2021년 8월 19일, 아프가니스탄 수도 카불의 미국 대사관에서 보안요원으로 일하는 미르자 알리 아흐마디가 아내 수라야와 다섯 아이들과 함께 미군이 통제하는 카불의 하미드 카르자이 국제공항에 도착했다. 공항은 말 그대로 세상의 종말을 맞은 듯 아수라장이었다. 셀 수 없이 많은 이들이 공항 구역 안으로 들어가기 위해 담장 밖에서 난리를 치고 있었고 간간이 총소리가 났다.

　　사람들 사이를 비집고 간신히 입구 앞에 도착한 미르자는 안으로 들어가지 못한 채 이리저리 밀려다니다가 마침내 결심했다. 생후 두 달 된 막내 소하일만이라도 먼저 들여보내기로 한 것이다. 그는 아내의 품 안에 안겨있던 아기를 두 손으로 움켜잡더니 담장 위에서 내려다보고 있던 한 군인을 향해 높이 들어 올렸다. "제발 이 아이만이라도……" 군인은 아기를 받아 올렸다. 주변에는 미르자처럼 아기를 담장 위로 올려보내려는 사람들이 적지 않았고, 심지어 담장 너

　　　　　　　1. 20년 전쟁 뒤 탈레반이 돌아왔다

머로 아기를 던지는 사람들까지 있었다. 미르자 부부와 네 아이들은 한참 뒤 공항 안으로 들어가는 데 기적적으로 성공했지만 아무리 돌아다녀도 소하일을 찾을 수 없었다. 하지만 더이상 지체할 시간이 없었다. 결국 미르자는 나머지 가족과 함께 비행기에 올라탔고, 막내 아들을 잃어버린 채 미국 텍사스주의 한 군용 비행장에 내렸다.

소하일은 어디로 간 것일까. 그날 공항에는 29세 택시 운전사 하미드 사피도 있었다. 미국으로 탈출하려는 형의 가족을 태우고 공항에 도착한 그는 안으로 들어갔다가 땅바닥에서 울고 있는 아기를 발견했다. 이름도 모르는 아기였지만 외면할 수는 없었다. 그는 아기를 집으로 데려와 키웠고, 몇 개월 후 당국으로부터 아기의 조부모를 찾았다는 연락을 받았다. 사피는 어느새 정이 든 아기를 할아버지 무하마드 카셈 라자위에게 넘겨주면서 눈물을 펑펑 쏟았다.[57] 알자지라 방송 등이 전한 한 아프간 가족의 안타까운 스토리다.

당시 아프간 주둔 미군이 철수하면서 카불의 국제공항에서 벌어진 극심한 혼란과 참상은 충격적이었다. 나이 든 사람들은 자연스럽게 47년 전인 1975년 베트남 전쟁 당시 미국의 치욕적인 '사이공 탈출'을 떠올릴 수밖에 없는 광경이었다.

조 바이든 미국 대통령이 "미국 역사상 가장 긴 전쟁을 끝낼 때가 됐다"[58]며 아프간 주둔 미군의 철수 계획을 공식 발표한 지 불과 넉 달 뒤인 8월 15일, 탈레반은 카불 진격 이틀 만에 대통령 궁을 점령했다. 아프간 정규군이 미군 전면철수 발표로 사기가 떨어졌다고는 하나 탈레반 앞에서 이토록 허무하게 무너질 정도로 허수아비였다는 사실을 바이든은 물론 전 세계는 예상하지 못했다. 2001년 9

월 11일 국제테러조직 알카에다의 동시다발 테러가 일어나고 미국이 같은 해 10월 7일 아프가니스탄을 침공한 지 20년, 탈레반 정권이 개전 두어달 만에 패배해 정권을 잃은 지 꼭 20년 만이었다.

미국의 아프간 전쟁은 그렇게 막을 내렸다. 20년간 아프간 정부군 6만 6,000명과 2,400명이 넘는 미군, 4만 7,000명이 넘는 아프간 민간인이 목숨을 잃었으며 500만 명 이상이 난민이 됐다. 미국이 이 전쟁에 쓴 돈은 무려 1조 달러. 실제로는 2조 달러가 넘는다는 주장도 있다. 그 많은 희생과 비용을 치렀지만 아프간은 그렇게 또다시 탈레반의 나라가 됐다.

빈라덴과 무자히딘을 키운 미국의 '돌풍 작전'

아프간 공용어인 파슈토어로 '학생'을 뜻하는 탈레반은 소련군이 아프간에서 철수한 후인 1990년대 초 파키스탄 북부에서 처음 등장했다. 설립자는 무하마드 오마르. 이름 앞에 '물라mullah'라는 존칭이 붙는데 이슬람법과 교리에 정통한 사람, 스승을 가리킨다. 그러니까 스승 오마르를 따르는 제자들의 집단인 셈이다. 아프간 남부 칸다하르 근교에서 태어난 것으로 알려진 오마르는 파키스탄의 마드라사(이슬람 신학교)에서 공부한 후 소련군에 맞서 무자히딘으로 싸웠다. 무자히딘은 아랍어로 '지하드jihad(성전聖戰)에서 싸우는 사람'을 뜻한다. 성전 전사를 표방한 이슬람 근본주의자를 가리키는 지하디스트와 비슷한 의미다.

아프간 무자히딘의 성장 뒤에는 미국이 있었다. 1979년 소련이 아프간을 점령하자 미국은 반소련 항쟁에 참여하려는 이슬람권 젊은이들을 적극적으로 지원했다. 1979년부터 1992년까지 미국 중앙정보국은 '돌풍 작전'이란 작전명 아래 막대한 돈과 무기를 무자히딘에 쏟아부었다.[59] 이 과정에서 파키스탄 정부와 군 정보부가 중요한 역할을 했다. 영국 등 서방 국가들과 아랍 국가들, 그리고 산유국의 돈 많은 이슬람주의자들도 지원을 해줬는데, 당시 무자히딘 훈련 캠프에 돈을 댄 인물들 중 하나가 바로 훗날 알카에다를 만든 오사마 빈라덴이었다.

빈라덴은 1957년 예멘 출신의 사우디아라비아 사업가 무하마드 빈라덴의 일곱 번째 아들로 태어났다. 독실한 이슬람 신자인 아버지의 영향으로 이슬람 근본주의의 일종인 와하비즘에 심취했던 그는 소련의 아프간 침공으로 삶의 전환점을 맞았다. 빈라덴은 자금을 모은 다음 파키스탄 등 몇몇 이슬람 국가에 무자히딘 훈련 캠프를 세웠다. 당시 이슬람권에서 아프간으로 온 전사 후보생들이 1만 6,000명이 넘었다.

1980년대 중반부터 직접 대소련 전쟁에 참여한 빈라덴은 전설적인 영웅이 됐다. 부잣집 도련님으로 호의호식할 수도 있었지만, 모든 것을 버린 채 아프간에서 온갖 고생을 하며 용감하게 성전을 이끄는 인물이었기 때문이었다. 1989년 마침내 소련이 10년 만에 아프간에서 패배해 물러간 후 빈라덴은 고국 사우디로 돌아갔다. 그러나 1991년 미국이 쿠웨이트를 침공한 이라크를 공격하며 걸프전을 벌이고, 사우디 정부가 미군의 주둔을 허용한 것을 보면서 크게 분노했다. 이제 그의 성전은 소련이 아니라 미국, 그리고 미국에 동조하는 서방과 중동 각국으로 향했다.

그러는 동안 아프간에서는 이슬람 수니파의 극단주의 규율로 무장한 탈레반이 등장해 급성장하고 있었다. 미국과 사우디의 추격에 고국을 떠나 수단에 정착했던 빈라덴은 1996년 봄 아프간으로 이주했다. 당시 탈레반은 수도 카불 점령과 이슬람국가 수립을 목전에 둔 상황이었다. 아프간에 탈레반 정부가 수립된 후 빈라덴은 테러 네트워크를 구축했고, 지구 곳곳에서 테러들을 벌였다. 그중에서도 가장 큰 충격파를 일으킨 것이 2001년의 9·11 테러였다.

이 테러 직후 미국은 탈레반 정부에 빈라덴을 넘겨줄 것을 요구했지만 텔레반은 거부했다. 이에 미국은 10월 7일 아프간 공습을 개시했고, 탈레반 정권은 두 달 만에 붕괴했다. 오마르는 행적이 묘연했다가 2013년 사망했고, 빈라덴은 파키스탄 아보타바드의 저택에 숨어있다가 2011년 5월 미 해군 특수부대 네이비실 대원들에게 사살됐다.

빈라덴의 사망에도 미국의 전쟁은 끝나지 않았다. 탈레반이 미군과 나국적군을 상대로 끊임없이 게릴라전을 벌였기 때문이다. 2019년 9월 미국은 결국 탈레반과 평화협정 초안에 합의하고, 2021년 5월까지 아프간 주둔 미군을 모두 철수한다는 시간표를 마련했다. 2020년 2월 29일 카타르 도하에서 열린 '아프간의 평화 도래를 위한 협정'에는 미국의 아프간 특사 잘마이 칼릴자드와 탈레반 고위 인사 압둘 가니 바라다르가 대표로 서명했고 마이크 폼페이오 미국 국무장관이 증인으로 함께 했다. 이후 철군 시한은 2021년 8월 말까지로 연기됐고, 8월 30일 밤 마지막 C-17 수송기가 하미드 카르자이 국제공항을 이륙하는 것으로 미군 철수가 완료됐다.

'제국의 무덤' 아프가니스탄

소련과 미국의 패퇴에서 보듯 아프간은 쉽사리 정복되지 않는 땅이다. 64만 7,500평방킬로미터의 면적을 가진 아프간은 동쪽과 남쪽으로 파키스탄, 서쪽으로 이란, 북쪽으로 투르크메니스탄과 우즈베키스탄, 타지키스탄, 중국과 국경을 맞대고 있다. '아프간'이란 이름은 인도 고대 언어인 산스크리트어로 북쪽 힌두쿠시산맥 지역의 주민을 가리키는 '아슈바칸'에서 왔다고 한다. '아슈바칸'은 '말을 기르는 사람'이란 뜻이다.

아프간에서는 기원전 2000~1200년 인도-유럽어족이 이동하면서 정착지가 형성됐다. 이후 거듭된 침략을 겪었는데, 그리스의 알렉산드로스 대왕이 기원전 330년 인도 정복을 위해 아프간 지역을 거쳐 갔고 페르시아의 사만 왕조, 가즈나 왕조도 아프간 정복을 시도했다. 1219년에는 몽골의 칭기즈칸이 아프간에 발을 디뎠다. 1747년 칸다하르 출신인 아흐마드 샤 두라니가 두라니 왕조를 세웠으며, 이를 근대 아프간의 출발로 보는 견해가 일반적이다.

19세기 초 유럽 제국들은 아시아 식민 쟁탈전 속에 험난한 내륙국가 아프간을 차지하기 위해 경쟁한다. 이러한 제국주의 약탈 전쟁을 일명 '그레이트 게임'이라 부르기도 한다. 당시 맹위를 떨치던 영국은 인도에 이어 전략적 요충지인 아프간 점령을 시도했지만 1839~1841년과 1878~1880년, 1919년 세 차례의 영국-아프간 전쟁에서 강력한 저항에 직면해 실패했다.

　20세기 들어와 아프간은 다른 제3세계의 국가들과 마찬가지로 근대 국가 수립과 국가 개혁의 길을 걸었다. 모하마드 자히르 샤 국왕 시기의 아프간 카불에서 서구식 복장을 한 여성들이 활발히 사회 활동을 하는 사진이 탈레반의 권력 탈환 뒤 세계에서 화제가 됐다.[60] 그러나 안정 속에 조금씩 발전을 모색하던 자히르 샤의 40년 통치는 1973년 끝나고 만다. 총리를 지낸 유력 인물인 모하메드 다우드 칸이 쿠데타를 일으켜 왕정을 폐지한 뒤 공화국을 수립한 것이다. 세속주의 개혁노선을 추구한 다우드 칸의 노선에 이슬람주의자들이 반발해 무장투쟁에 나섰다. 이때부터 아프간은 극심한 혼란의 소용돌이에 휩싸인다.

　당초 친소련 성향이었던 다우드 칸 대통령이 자주 노선을 선포하자 1978년 소련을 추종하는 군 장교들이 쿠데타를 일으켰다. 다우드 칸은 쫓겨났으나 1979년 9월 하피줄라 아민이 다시 쿠데타를 일으켜 권력을 잡았다. 아민의 무단 통치는 이슬람 성전을 촉발하고 강화하는 식섭석인 단조가 됐다. 소련과 미국 사이에서 줄타기하려는 아민의 행보가 못마땅했던 소련은 1979년 12월 아프간 침공을 단행했으며 이 과정에서 아민은 소련군에 사살됐다.

　소련의 점령은 이슬람 반군의 저항을 더욱 격화시켰다. 1980년대 중반 아프간에 파견된 소련군은 10만 명을 넘어섰고, 전 지역으로 전선이 확대됐다. 좀처럼 끝나지 않는 전쟁에 지친 소련은 1988년 5월 철군을 시작해 1989년 2월 아프간을 완전히 떠났다. 아프간과의 전쟁 수렁에 빠졌으나 끝내 승리하지 못했던 역사를 소련도 반복한 것이다. 그러고 얼마 지나지 않아 소련은 해체돼 지구 상에서 사라졌다. 베를린 장벽 붕괴와 독일 통일, 동유럽 공산국가들과 소련 내부에서 일어난 민주화 요구 등 다양한 요인들이 있었지만 '소련판 베트남 전쟁'으로 불렸던 아프간 전쟁으로 민심이 이반하고 막대한 비용이 들었던 것 또한 소련의 붕괴에 영향을 미쳤다.[61]

한국으로 불똥 튄 아프간 전쟁

아프간 전쟁의 불똥은 한국에도 튀었다. 2007년 여름, 탈레반의 한국 선교단 납치사건으로 온 나라가 발칵 뒤집혔다. 그저 남의 나라 일로만 여겨졌던 아프간 전쟁과 탈레반의 위험성이 한국인들의 뇌리에 깊이 각인된 순간이었다.

2007년 7월 13일 배형규 목사와 분당 샘물교회 교인 19명이 '단기 선교' 목적으로 인천국제공항을 통해 출국했다. 14일 카불에 도착한 선교단은 현지에서 활동하던 한국인 선교사 3명과 합류해 움직였고, 닷새 뒤 칸다하르로 이동하던 중 탈레반에 납치됐다. 이튿날 탈레반은 한국인 23명을 납치해 억류 중이라고 발표했다.

탈레반은 한국군이 즉각 철수하고 아프간 정부가 수감한 탈레반 대원 전원을 석방할 것을 요구했다. 당시 한국은 아프간에 국제치안지원군ISAF의 일원으로 다산부대와 동의부대 소속 200여 명을 주둔시키고 있었다.

한국 정부 대책반이 현지에 도착해 협상을 벌였지만 성과를 내지 못하던 중 탈레반이 남성 2명을 살해했다. 힘겨운 줄다리기 끝에 협상이 타결되면서 8월 30일까지 나머지 한국인 인질들은 모두 풀려났으며 피랍 사태는 42일 만에 종료됐다.

한국 정부와 탈레반이 협상에서 합의한 것은 아프간 파견 한국군의 연내 철수와 개신교 선교단의 선교 중지 등 5개 항이었다. 탈레반 지도자 한 명은 "한국인 인질을 풀어주는 대가로 2,000만 달러 이상을 받았다"며 "그 돈으로 무기와 자살폭탄 테러용 차량을 사고 통신망을 정비할 것"이라고 말했다.[62] 일본 『아사히신문』은 협상을 중재한 아프간 관계자의 말을 인용해 "한국 정부가 인질 석방의 대가로 200만 달러를 지급했다"고 보도했다.[63] 종교집단의 무모한 선교에 따른 후폭풍을 무마하기 위해 정부가 도대체 얼마나 많은 세금을 '몸값'으로 내줘야 했는지는 정확히 밝혀지지 않았으나, 큰돈을 쓴 것만은 분명했다.

이 사건은 한국은 물론 국제사회에 큰 파장을 일으켰다. 무엇보다 개신교의 공격적인 선교에 대해 비판이 쏟아졌다. 하지만 뒤에 샘물교회 피랍자 중 일부는 정부를 상대로 "위험지역에 대한 정보를 제대로 주지 않았다"며 적반하장의 소송을 내기도 했다.

근본적으로 한국에 분쟁지역에서 벌어질 수 있는 위험을 관리할 역량이 부족하다는 지적이 나왔다. 국내에 아프간 전문가는 물론이고 현지 언어인 파슈토, 다리어를 할 줄 아는 인력조차 없었던 것이다. 일본이 2002년 이후 아프간 새 정부 구성을 논의하는 자리였던 '로야 지르가(원로회의)' 개최 비용을 부담하는 등 12억 달러 이상을 지원하며 탄탄한 인맥과 정보 채널을 구축했던 것과 대비됐다. 정부의 위기 대응이 서툴렀던 것도 지적됐다. 납치사건이 발생하자마자 정부와 언론은 철군 일정을 거론했고, 탈레반 수감자 석방과 인질 몸값 지불이라는 협상 카드가 노출됐다. 납치범들과의 대화를 공개한 정부의 미숙한 행보도 도마에 올랐다. 한 국가의 정부가 인질들을 구하기 위해 협상을 하고 그 사실을 공개하는 것은 국제사회에서는 금기시되는 행동이다. 납치 범죄를 부추길 수 있기 때문이다. 일국의 정부가 테러범과의 직접 협상을 공식 인정하는 경우는 없다. 미국의 침공 이후 권력을 잃은 탈레반은 이 사건 때문에 6년 만에 공개적인 행보를 보였고, 한국은 물론 국제사회를 겨냥한 선전전에서 최대 효과를 누리는 등 '인질 장사'에 성공했다는 평가를 받았다.

돌고 돌아 원점으로

20년 만에 아프간을 다시 장악한 탈레반 정권의 최고지도자는 하이바툴라 아훈자다이다. 1961년생으로 알려진 그는 2016년부터 탈레반을 이끌어왔다. 그는 2021년 8월 새 정부 구성을 발표한 직후 성명을 내고 "앞으로 아프간의 모든 삶의 문제와 통치 행위는 신성한 샤리아에 따라 결정될 것"이라고 말했다. 샤리아는 '길'이라는 뜻으로, 이슬람 성법聖法이라고도 한다. 이슬람 경전인 『쿠란』과 선지자 무함마드의 언행을 기록한 『하디스』에서 비롯된 종교적 규율로, 모든 무슬림이 지켜야 할 삶의 규범을 말한다.

탈레반은 카불을 장악한 뒤 20년 전과는 다른 "개방적이고 포용적인" 정부를 만들겠다고 공언했다. 여성의 사회적 역할을 보장하겠다면서 달라진 모습을 보여주기도 했다. 하지만 그로부터 2년이 흐르는 동안 여성들에 대한 억압은 날로 심해졌으며, 학교 300여 곳을 강제 폐쇄하는 등 강도 높은 통제를 펼치고 있다.

2023년 5월 단행된 내각 개편에 따라 마울라위 카비르가 총리가 됐는데, 2001년 미군에 축출되기 직전에도 한 차례 총리를 지낸 탈레반 조직의 핵심 인물 중 한 명이다. 탈레반 정권이 다시 들어서긴 했지만 전국을 완전히 장악한 것은 아니다. 소련 점령 시절부터 아프간 북부에 존속해온 북부동맹 등 무장조직의 저항이 계속되고 있고, 이슬람국가IS 계열의 극단주의 테러조직인 '이슬람 국가 호라산IS-K'도 남아 있다. 아프간에는 과연 언제나 평화가 찾아올까. 현실은 여전히 첩첩산중이다.

20세기 이후 아프가니스탄의 역사

1921년	영국이 제3차 영국-아프간 전쟁(1919~1921)에서 패배하고 아프간은 독립국가가 됨.
1926년	아프간 지배자 아미르 아마눌라 칸이 국왕 자리에 올라 현대화 계획을 시작함. 그러나 반발에 부딪쳐 반란이 일어나고 1929년 국왕은 퇴위 뒤 국외로 떠남.
1933년	모하메드 자히르 샤가 국왕이 돼 40년간 이어지는 통치를 시작함.
1953년	국왕의 사촌인 친소련파 모하메드 다우드 칸 장군이 총리가 됨. 여성의 사회 진출을 허용하는 등 여러 가지 사회 개혁을 도입함.
1956년	소련의 니키타 흐루쇼프가 아프간을 지원해주기로 하면서 두 나라는 긴밀한 동맹국이 됨.
1957년	다우드 칸의 개혁의 일환으로 여성의 대학 진학과 취업이 허용됨.
1965년	바브락 카르말과 누르 모하마드 타라키를 지도자로 하는 아프간 공산당이 비밀리에 결성됨.
1973년	다우드 칸이 군사 쿠데타로 자히르 샤를 전복시킨 뒤 군주제를 폐지하고 스스로 대통령이 됨.
1975~1977년	다우드 칸은 여성에게 권리를 부여하는 새 헌법을 제안하고 아프간 현대화에 박차를 가함. 동시에 반정부 세력을 축출하고 독재를 강화함.
1978년	쿠데타가 일어나 공산당 지도자 타라키가 대통령에 취임한 뒤 국가를 장악함. 보수 이슬람 세력과 소수민족 지도자들은 반란을 일으켰고 이슬람 게릴라인 무자히딘들의 반소련 항쟁이 시작됨.
1979년	타라키가 정치적 라이벌이었던 하피줄라 아민의 지지자들에게 살해됨. 소련이 공산정권을 지원한다면서 12월 24일 아프간을 침공함.
1982년	약 280만 명의 아프간인이 파키스탄으로, 150만 명은 이란으로 피란함.
1984년	사우디아라비아의 극단주의자 오사마 빈라덴이 무자히딘을 지원하기 위해 아프간을 방문함.
1986년	무자헤딘이 파키스탄을 통해 미국, 영국, 중국으로부터 무기를 지원받기 시작함.
1988년	9월 오사마 빈라덴 등은 지하드(성전)를 위해 알카에다 조직을 결성함.
1989년	미국, 파키스탄, 아프간과 소련이 제네바에서 아프간 독립과 10만 명의 소련군 철수를 보장한 평화협정에 서명함.
1992년	무자히딘과 반군 그룹들이 수도 카불을 습격하고 공산정권의 모하마드 나지불라를 축출함. 전설적인 게릴라 지도자 아마드 샤 마수드가 군대를 이끌고 수도로 진격함.
1995년	신생 이슬람 조직 탈레반이 권력을 장악함.
1995~1999년	계속되는 가뭄으로 농촌이 황폐해지고 100만 명 넘는 아프간인들이 파키스탄으로 탈출함.
1997년	탈레반이 나지불라를 공개 처형함. 마수드의 북부동맹과 남부의 반군, 탈레반이 계속 교전을 벌임.
1998년	알카에다가 아프리카 주재 미국 대사관들을 공격하자 미국은 아프간에 있는 빈라덴의 지하디스트 훈련캠프를 미사일로 공격함.

2000년	미국은 빈라덴을 인도할 것을 요구했으나 탈레반은 거부함. 유엔의 아프간 경제제재가 시작됨.
2001년	3월 탈레반은 바미얀의 불상을 파괴함.
	9월 9일 북부동맹의 수장 마수드가 살해됨.
	9월 11일 미국에서 9·11 테러공격이 일어남
	10월 7일 미군과 영국군의 아프간 공습이 시작됨
	11월 13일 북부동맹군이 카불에 입성하고 탈레반은 남쪽으로 도망침.
	12월 7일 탈레반이 마지막 거점인 남부의 칸다하르를 포기함으로써 사실상 패퇴함.
	12월 22일 파슈툰족 출신의 하미드 카르자이가 임시 정부의 지도자가 됨
2002년	6월 로야 지르가(대의회)에서 카르자이가 임시 지도자로 승인받고 정부를 구성함
2003년	8월 나토가 카불의 치안 유지 임무를 인계받음.
2004년	1월 로야 지르가는 50만 명의 의견을 수렴해 여성의 평등을 규정한 새 헌법을 채택함.
	10월 대통령 선거가 실시됐고 카르자이가 당선됨.
2005년	30년 만에 첫 총선이 실시돼 12월 의회의 첫 회의가 열림.
2006년	탈레반 및 알카에다와 아프간 정부군 간의 전투가 계속되는 가운데 나토는 평화 유지 작전을 남부로 확대함.
2008년	프랑스 파리에서 열린 공여국 회의에서 국제사회가 아프간에 150억 달러의 원조를 약속함.
2009년	버락 오바마 미국 대통령은 아프간의 미군 병력을 증강함.
2011년	미군이 5월 2일 파키스탄 아보타바드에서 빈라덴을 사살함.
2013년	아프간 군대가 나토로부터 모든 군사 및 보안 작전을 인계받음.
2014년	5월 오바마 미국 대통령은 2016년까지 아프간 주둔 미군 병력을 대폭 감축한다고 발표함.
	9월 대선에서 아슈라프 가니가 아프간 대통령에 취임함.
	12월 나토는 전투 임무를 공식 종료함.
2015년	10월 오바마 대통령은 미군 철수 계획을 수정해 2017년 퇴임 때까지 5,500명의 병력을 유지하기로 결정함.
2019년	2월 미국과 탈레반은 2021년 5월까지 미국이 아프간에서 철수하기 위한 예비 조건이 될 평화협정에 서명함.
2021년	4월 바이든 미국 대통령은 9월 11일까지 미군 철수를 완료할 것이라고 발표함.
	7월 5일 미국은 바그람 기지에서 철수함
	8월 15일 탈레반이 카불을 점령하면서 아프간 정부가 붕괴하고 아프간인들의 탈출이 이어짐.
	8월 30일 미국은 카불 공항에서 마지막 병력을 빼내 전쟁을 공식 종료함.

2장

◆

여성, 슬로 모션으로　진행되는 죽음

"이 어린 소녀들은 그저 미래를 갖고 싶었을 뿐인데 이제 그들 앞에는 어떤 미래도 보이지 않습니다." 아프가니스탄 동부 낭가르하르주에 사는 25살 고등학교 교사 파티마(가명)가 국제앰네스티에 한 말이다.

2021년 미군이 20년 전쟁을 끝내고 철군 절차에 들어가자 탈레반이 전국을 순식간에 장악했다. 34개 주의 주도 가운데 처음으로 남부 님루즈의 주도 자란지를 함락하고 수도 카불에 입성하기까지 딱 열흘이 걸렸다.

미국 아프간재건 특별감사관실SIGAR에 따르면, 미국이 직접적인 전쟁비용과 아프간 재건 등에 쓴 돈은 2조 2,610억 달러에 이른다.[64] 그 돈을 쓰고도 미국은 끝내 탈레반을 무너뜨리지 못했다.

2. 여성, 슬로 모션으로 진행되는 죽음

미국이 아프간에 퍼부은 돈은 어디로 갔나

당초 미국과의 약속에 따르면 미군이 나가는 대신에 아프간 민선 정부와 탈레반이 권력을 나눠 갖기로 돼 있었다. 그래서 카타르 등지에서 협상이 진행돼왔다. 하지만 바이든의 철군 발표는 모든 것을 무너뜨렸다. 탈레반이 더이상 협상에 매달릴 필요가 없어졌던 것이다. 미국 컬럼비아대 이란 전문가 하미드 다바시 교수는 알자지라 방송 논평에서 탈레반의 파죽지세 공격을 제2차 세계대전 당시 나치 독일의 공세에 빗대 '전격전blitzkrieg'이라 불렀다. 그는 "미국은 아프간에 '새롭게 개선된 탈레반'을 이별 선물로 남겼다"면서 "미국은 자신들이 떠나면 저들이 아프간을 장악할 것을 이미 알고 있었다"고 적었다.[65]

정말 '새로운 탈레반'이었을까. 되돌아온 탈레반은 20년 전과는 달라 보였다. 언론은 탈레반이 소셜미디어에 올린 특수부대의 모습에서 그들의 '진화'를 포착했다. '바드리 313'이라는 특수부대의 전투원들은 통일된 군복에 스키용 마스크 같은 발라클라바(복면)를 썼고, 미국제 M4 라이플에 야간투시용 고글까지 갖추고 있다. 더이상 전통복장 '샬와르'에 터번을 쓰고 구식 러시아산 칼라슈니코프 소총을 든 모습이 아니었다.

정치 감각도 과거와는 달라 보였다. 과거에 그들은 척박한 나라의 외톨이 무장조직이었지만, 다시 나선 탈레반 지도부는 자신들의 정권이 국제적인 인정을 받아야 한다는 것을 아는 듯했다. 카불 점령 뒤 첫 공식 기자회견에서 탈레반은 세계의 시선을 의식해 '여

바드리 313 부대

성들의 사회적 역할'을 거론했고, 국제사회의 원조가 필요하다는 걸 인정했다. 파키스탄에 기반을 둔 아프간이슬람프레스AIP는 탈레반 대변인이 외국인이나 기업, 투자자의 아프간 내 은행 자산을 안전하게 보호받을 것이라 약속했다고 보도했다. 영국의 한 분석가는 "탈레반은 1990년대와는 다른 새로운 아프간을 마주해야 하며, 여성과 그 밖의 집단들에 이미 역할을 부여하고 있다"고 말했다.

하지만 그들은 달라지지 않았다. 결국 탈레반이 근간으로 삼는 것은 샤리아, 즉 이슬람법에 따른 통치다. 샤리아는 자동차도, 공립학교도, 현대적인 병원도 없던 1,300년 전에 만들어진 룰이다. 그것을 현대 사회에서 어떻게 적용할 것인지는 이슬람 학파에 따라, 해석에 따라 달라진다. 샤리아를 중시하는 이슬람 국가들조차도 모두 다른 법체계를 갖고 있다. 하지만 탈레반이 만들고 있는 '아프가니스탄 이슬람에미리트'가 유독 전근대적이고 특히 여성들에게 가혹한 것은 확실하다.

탈레반이 없었을 때 여성들은 글을 배웠다

미국의 지원을 받아온 아프간 민선 정부가 전국을 장악하지 못했고 내분과 부패가 심했던 것은 사실이다. 그러나 많은 아프간인이 탈레반 정권 시절에 비해 더 개방적이고 더 현대적이고 더 나은 삶을 누릴 수 있었던 것 또한 분명하다. 2019년 아프간의 15세 이상 여성 취업률은 22퍼센트에 이르렀다. 1990년대 탈레반 정권 시절엔 상상도 못 했던 일이었다. 유네스코에 따르면 1979년 18퍼센트에 불과했던 문자해독률은 2011년 31퍼센트에서 2018년 43퍼센트로 올라갔다.[66] 여성 교육률은 낮고 학교 문턱을 넘지 못하는 아이들이 300만 명에 이르지만 변화는 분명 일어나고 있었다.

모든 것이 다시 뒤집혔다. 아프간의 유일한 여성 기숙학교인 '아프가니스탄 리더십스쿨SOLA'[67]은 탈레반이 카불을 수중에 넣자 학생 수십 명과 교직원들을 동아프리카 르완다로 피신시켰다. CNN에 따르면 이 학교를 세운 샤바나 바시지-라시크는 그 자신이 과거 탈레반 정권 때문에 두려움 속에서 어린 시절을 보내야 했던 여성이다. 탈레반이 집권했을 때 6살이었던 그는 억압 속에서도 딸의 교육을 포기하지 않은 아버지 덕에 '비밀 교실'에서 공부를 해야 했고, 탈레반에게 목숨을 잃을까 늘 공포에 떨어야 했다. 탈레반이 무너진 뒤 SOLA를 만들어 여자아이들을 가르쳐왔으나 20년 만에 돌아온 탈레반 때문에 어렵사리 만든 학교를 국외로 옮기게 됐다.[68] 그는 트위터를 통해 르완다에서 학교를 계속 운영할 계획이라고 밝혔지만, 난민이 된 여학생들이 언제 고향으로 돌아갈 수 있을지는 아무도 모른다.

아프간의 미래를 더욱 어둡게 하는 것은 20년 동안 쌓아온 것들이 와르르 무너지고 있다는 점이다. 힘겹게 치른 선거의 경험, 여성들에게도 점차 개방돼왔던 학교 교육, 자유로운 언론과 치안 노력 같은 것들 말이다. 카불을 떠나 카타르로 대피한 독립언론인 빌랄 사르와리는 알자지라방송에 "우리는 모든 것을 잃었을 뿐만 아니라 아프간에서도 가장 교육받고 능력 있는 세대를 잃었다"고 말했다.

실제로 탈레반은 1년도 채 되지 않아 여성과 소녀들의 권리를 말살했다. 국제앰네스티는 2021년 9월부터 2022년 6월까지 10대에서 70대까지 100여 명의 여성들을 만나고 탈레반의 구금시설에서 일했던 사람과 유엔 등 국제기구 직원, 언론인 등 40명 가까이를 대면조사해 그들이 보고 듣고 느끼는 아프간 여성들의 상황을 들은 뒤 웹사이트에 공개했다. 이 조사에서 아프간 여성들의 현실을 단적으로 보여주는 말은 "슬로 모션으로 진행되는 죽음Death in Slow Motion"[69]이라는 것이었다.

가장 눈에 띄는 조치는 여학생들이 학교에 가지 못하게 한 것이다. 중등학교에 여성들이 다닐 수 있다고 했지만 까다로운 복장 규율을 내세워 사실상 학교로 돌아갈 수 없게 했다. 비난이 일자 2022년 3월 "여학생들은 등교를 하라"고 '권고'했지만 그 말을 믿고서 안심하고 학교로 돌아갈 여학생들이 몇이나 될까. 극단주의자들의 공격을 두려워한 여대생들도 대학 등록을 포기했다. 세계은행에 따르면 2023년 13~18세 소녀들 중에 중등학교에 다니는 사람은 3퍼센트뿐이다. 남자아이들 가운데 중등교육을 받는 비율도 44퍼센트밖에 되지 않는다.

조혼, 강제결혼…집안으로 쫓겨 들어간 여성들

여성들의 일자리에도 변화가 왔다. 보건이나 교육 분야 등 몇몇 부문의 여성 공무원을 빼면 대부분 해고됐다. 탈레반의 정책은 '남성으로 대체할 수 없는' 업무를 하는 여성만 계속 일할 수 있도록 허용하겠다는 것이며, 그나마도 여성들이 복장 규율을 엄격히 지키고 남성 동료와 접촉하지 않아야 한다는 조건을 달았다. 그 효과는 직장에서 여성이 사라졌다는 것, 그리고 집안 생계를 책임져온 여성들이 일자리를 잃음으로써 말 그대로 '굶는' 상황이 됐다는 것이다. "낭가르하르가 (탈레반에) 무너졌을 때 사무실이 문을 닫았어요. 남성과 여성이 함께 일할 수 없기 때문에……[우리 가족은] 2주 동안 집안에서 음식 없이 지냈어요. 전에는 식탁에 음식이 떨어질 거라고는 생각조차 하지 않았는데 말이죠." 직장에서 쫓겨난 한 여성의 증언이다.

역설적이지만 세계은행 자료를 보니 여성들의 경제활동 참여는 탈레반 집권 뒤 오히려 3배가 됐다. 여성들이 일감을 찾는 주된 직종은 '의류'와 '식품 가공'이다. 사무직 여성들은 대거 쫓겨난 반면에, 먹고 살기 위해 집 안에서 옷을 만들고 먹거리를 만드는 여성들이 늘어났다는 얘기다.

국제앰네스티에 따르면 여성들, 소녀들은 이제 이동의 자유도 잃고 있다. 예상됐던 바다. 20여 년 전 1차 집권 때에도 그랬다. 탈레반은 처음에는 여성들이 장거리 여행을 할 때 마흐람 즉 남성 보호자와 반드시 동행하도록 명령했다. 그다음엔? "필요한 경우가 아니면 여성은 집을 떠나지 말라"고 했다. 마흐람을 의무화하면서 사실상 여성들은 일상생활이 거의 불가능해졌다고 한다.

탈레반은 집권하자마자 정부 부처 가운데 여성부를 없애고 '설교와 지침, 미덕을 전파하고 악덕을 예방하기 위한 부처', 이른바 '미덕부'로 바꿨다.[70] 2022년 5월 미덕부는 여성들이 머리부터 발끝까지 몸을 가리도록 한 법령을 발표했다. 탈레반의 여성탄압을 상징적으로 보여주는 '부르카의 시대'가 다시 돌아온 것이다. 무슬림 여성들의 머릿수건을 보통 히잡이라고 부르지만 거기에도 여러 종류가 있다. 머리칼을 가리는 스카프도 있고, 눈만 내놓고 온몸과 얼굴을 가리는 니캅도 있다. 부르카는 아예 눈조차 그물망으로 가려 제대로 밖을 보지도 못하게 하는 검은 옷을 가리킨다.

가족 내 남성들은 여성이 이 규칙을 지키도록 '책임'을 져야 한다. "왜 우리가 얼굴을 가리고 우리가 누구인지 숨겨야 하나요. 저는 평생 스카프를 쓰고 살았지만 얼굴을 가리고 싶지는 않아요. 이 문제를 이야기하려니 숨을 쉬기도 힘드네요." 27세 여성의 말이다.

탈레반은 또 미군 철군 무렵 전국으로 진격하면서 성범죄자들을 교도소에서 조직적으로 풀어줬다. 그러면서 성폭력 피해자 보호 시설에서 보살핌을 받고 있던 여성들을 교도소에 집어넣었다. 마흐람 없이 공공장소에 나온 여성들은 체포하고 구금했다. 이들의 죄목은 '도덕적 부패'였다. 한 대학생은 마흐람 규정을 어겼다가 구금됐는데 체포된 뒤 탈레반 대원들에게 전기충격기로 고문을 받았고, 살해 협박도 받았다고 국제앰네스티에 증언했다.

딸들이 위험하다고 느껴지거나 딸을 키우기가 부담스러워지면 부모는 서둘러 결혼을 시킨다. 극단주의가 기승을 부리거나 절대적 빈곤이 퍼져 있는 지역에서 흔히 나타나는 조혼 풍습이 그런 것이다. 탈레반 통치하에서 조혼과 강제결혼 비율이 급증했다. 돈이 없고, 앞으로 교육도 받지 못할 딸을 계속 양육해봤자 전망이 없다는 생각만 들고, 자칫 탈레반 눈에 띄어 그들에게 시집보내게 될까 봐 걱정한 부모들이 조혼을 택한다. 실제 탈레반 대원들과 강제결혼을 한 여성들도 있다고 한다. 조사에 응한 35세 여성은 6만 아프가니, 약 800만 원을 받고 열세 살 딸을 서른 살 이웃과 억지로 결혼시켰다고 말했다. 시집을 보내고 나니 "아이가 더이상 배고프지 않게 될 것이어서 안심이 됐다"고 했다. 탈레반이 재집권하자마자 결정한 일이다. 그 밑의 열 살 딸은 초등학교 5학년까지 다녔다. 엄마는 둘째 딸이 "더 공부를 하기를, 읽고 쓰고 영어도 할 수 있고 돈도 벌 수 있기를" 바라지만, 그렇게 되지 못하면 이 아이도 결혼을 시키는 수밖에 없다.

아프간 여성들, 특히 교육기관이나 구호기구에서 일해온 여성들은 국제사회의 압박 말고는 기댈 것이 없다고들 말한다. 경제가 무너진 상태에서 탈레반은 이전의 민선 정부나 마찬가지로 외국에 손을 빌리는 수밖에 없다. 1990년대 집권 때 탈레반 정권은 초기에는 아편 재배를 금지했으나 돈이 필요해지자 결국은 아편 밀매에 의존했다. 탈레반이 카불을 점령하자 미국과 국제 금융기관들은 아프간으로 가는 돈줄을 끊었다. 세계은행에 따르면 탈레반 정권 2년 동안 아프간 경제는 25퍼센트나 위축됐다.[71] 원조에 의존하는 수밖에 없는 탈레반 정권에게 원조국들이 인권을 개선하라는 요구를 해야 하는데, 그 또한 현재로선 전망이 어둡다. '보편적 인권'을 인정하지 않는 탈레반이 국제사회의 압박을 어느 정도나 받아들일지는 알 수 없다.

3장

◆

끌어들인 중국

일대일로에 탈레반

◆

　　와한 회랑回廊은 아프가니스탄의 바다흐샨주에 위치한 좁은 영
토다. 긴 통로 모양이라 회랑이라 부른다. 이 회랑은 동쪽으로 뻗어
아프가니스탄과 중국 신장을 연결한다. 북쪽으로는 타지키스탄, 남
쪽으로는 파키스탄과 접하고 있다. 수 세기 동안 이 계곡을 가로지르
며 동아시아, 남아시아, 중앙아시아를 이어주는 중요한 무역로였다.

　　와한이 아프가니스탄에서 둑 튀어나온 형상이 된 것은 영국 때
문이다. 1893년 인도를 식민통치하던 영국인 모티머 듀란드와 아프
가니스탄의 에미르 압두르 라만 칸이 영토 구분선을 이 지역에 그었
다. 이른바 '듀란드 라인'이 만들어진 것이다. 그러고 나서 이 좁은
지역은 북쪽에서 호시탐탐 아프간 일대를 노리던 러시아 제국과 영
국 제국 사이의 완충지대 역할을 했다.

　　2020년 기준으로 와한 회랑 지대의 주민은 2만 명이 채 못 된
다. 워낙 외딴 지역이라 1970년대 후반부터 이어진 아프간의 오랜

분란 속에서도 대부분 파미르와 키르기즈 민족으로 구성된 이곳 주민들은 거의 영향을 받지 않았던 것으로 알려졌다. 그런데 미국이 아프간에서 발을 빼면서 이곳에 시선이 쏠렸다. '제국의 수렁'이라 불리는 아프간에서 옛 소련에 이어 미국도 처참한 상처만 입고 물러나는 꼴이 된 반면 중국은 아프간에 군사기지를 짓고 있다는 사실에 이목이 집중된 것이다. 발을 빼는 미국과 영향력이 쇠퇴한 러시아의 빈틈을 비집고 중국이 들어가는 형국이었다.

와한 회랑의 중국 군사기지가 드러난 것은 2018년 8월 홍콩 『사우스차이나모닝포스트』의 보도를 통해서였다.[72] 중국은 아프간과 76킬로미터에 걸쳐 국경을 맞대고 있는데 그곳이 바로 와한 회랑이다. 이곳의 기지는 동아프리카 소국 지부티에 이은 중국의 '두 번째 해외 기지'인 셈이지만, '세 번째 기지'라고 하는 사람들도 있다. 중국이 2016~2017년부터 타지키스탄 산악지대에 군사기지를 두고 있다는 것이다. 지부티 기지는 중국도 인정한 '보급기지'이지만 타지크와 아프간의 기지는 중국이 공식적으로 부인하고 있다.

중국은 수십~수백 명의 병력이 주둔하는 것으로 추정되는 타지크 기지에서 10여 킬로미터 떨어진 와한 회랑에 군사시설을 설치했다. 2018년 아프간 대표단이 중국을 방문해 기지 건설에 합의했다. 당시만 해도 탈레반이 부활하기 전이었고, 당시 아프간 정부와 중국은 무장세력 탈레반이나 알카에다와 연계된 '중국인 무슬림 테러범'에 공동 대응한다는 목적을 내세웠다. 비용은 중국이 댔다. 와한 회랑의 기지는 1개 대대 500명 정도가 주둔할 수 있는 규모로 전해졌다. 미국 정보기관들의 위성사진 분석에 따르면 헬리콥터 이착

류장도 설치돼 있다.

　중국은 이곳이 중국군의 군사기지가 아니라 아프간군의 훈련을 잠시 돕는 시설일 뿐이며, 중국이 아프간군과 협력하는 것은 '동투르키스탄 테러조직' 즉 위구르 분리주의 진영의 공격을 막기 위한 것이라고 주장했다. 그러나 외부에서는 중국이 '일대일로一帶一路(BRI)의 군사화'를 현실로 만들고 있다는 분석이 나왔다. 와한 회랑은 시진핑 주석이 추진해온 일대일로의 핵심 포인트 중 하나가 될 수 있는 곳이다. '일대일로'는 중국이 육상과 해상에 걸쳐 만들고 있는 거대한 교역망인데, 실제로는 패권 전략을 현실화하는 도구로 쓰이고 있다.

　중국과 아프간의 군사협력은 2015년부터 늘기 시작했다. 그해 탈레반이 아프간 북부 쿤두즈 일대를 점령하자 중국이 카불 정부와 협력해 군사훈련을 도왔다. 중국은 또 타지키스탄, 파키스탄, 아프간이 참여하는 4자 안보협력기구를 만들어 대테러 정보를 공유하기 시작했다. 2018년에는 아프간 군인들이 중국에 가서 훈련을 받았다.

　아프간 정권은 미군 철수 뒤 탈레반으로 바뀌었지만 중국과의 협력은 계속되고 있다. 미군 철수 뒤 중국의 동향을 전하면서 미국 블룸버그통신 등은 아프간에 구리와 금, 리튬 등 '1조 달러어치 이상의' 광물자원이 묻혀 있는 것으로 추정한 바 있다. 중국은 예전의 아프간 정부는 물론이고 탈레반 정부와도 아프간 동부의 거대한 구리 광산을 개발하기 위해 협상을 해왔다. 2023년 10월, 세계의 시선이 중동에 쏠렸을 때 중국은 시짱(티베트) 자치주의 린즈林芝에서 '국제 협력을 위한 트랜스 히말라야 포럼'을 열고 주변국들을 불러

모았다. 이 자리에서 탈레반 정권의 아미르 칸 무타키 외무장관과 왕이王毅 중국 외교부장이 만나 무역 확대를 논의했다. 베이징에서 시진핑 주석의 야심 찬 '일대일로 이니셔티브' 10주년을 기념하는 포럼이 열리기 직전에 일어난 일이다. 로이터통신은 "탈레반이 중국의 일대일로 계획에 동참하기로 했다"고 보도했다.[73]

지난 세기에만 해도 중국과 아프간의 관계는 긴밀하다고는 할 수 없었다. 아프간에서 소련군이 물러나고 4년 뒤인 1993년 공산정권이 붕괴하자 중국은 카불의 대사관을 철수시켰으며 1996년 탈레반 정권이 세워졌을 때에도 승인하지 않았다. 이후 2000년대 대테러전 국면에서 중국은 미국과 보조를 맞췄다. 중국은 위구르족의 분리주의를 극도로 경계했고, 이것이 영향을 미쳤다.

그러나 탈레반이 점점 기세를 회복하자 중국은 아프간 정부를 지원하는 한편 탈레반과도 접촉하기 시작했다. 2015년 신장웨이우얼 자치주의 중심도시 우루무치에서 탈레반 측과 중국 관리들이 비밀 회동을 했고 이듬해에는 탈레반 대표단이 베이징을 방문했다. 미국이 철군을 가시화하고 탈레반 세력이 커져가던 2019년부터 중국은 탈레반과의 접촉을 더욱 늘렸다. 그해 6월 탈레반 고위 지도자가 중국을 찾아갔다. 왕이 외교부장은 2020년 탈레반 지도부를 만난 뒤 탈레반을 "아프간의 평화, 화해, 재건 과정에 중요한 역할을 할 것으로 예상되는 중요한 군사 및 정치세력"이라고 표현했다. 중국 당국자가 탈레반을 아프간의 합법적인 정치세력으로 공개적으로 인정한 것은 처음이었다.

중국이 탈레반 정권을 끌어안는 데는 여러 목적이 있다. 국경을 맞대고 있다는 점, 위구르 문제와 연결돼 있다는 점도 있지만 아프간은 중국에 전략적으로도 중요하다. 내륙의 아프간이 안정돼야 중국에서 중앙아시아를 거쳐 남쪽 파키스탄까지 이어지는 중국-파키스탄 경제 회랑CPEC 등의 프로젝트를 계획대로 추진할 수 있다. 탈레반은 일대일로에 아프간이 포함되길 바란다면서 중국에 와한 회랑의 끊어진 도로를 연결하는 방안을 제안한 것으로 전해졌다.

와한 회랑의 중국 기지가 탈레반 집권 뒤에도 유지되고 있는지는 알 수 없다. 그러나 중국이 이 지역을 자국과 연결하고 탈레반 치하의 아프간과 일대일로 명목으로 협력을 늘리면 국제적인 비판을 피하기 어렵다. 여성 교육을 금지하고 극심한 인권 탄압을 자행하는 극단주의 정권을 자칫 중국이 앞장서서 인정해주는 모양새가 될 수 있기 때문이다. 탈레반이 아프간을 장악한 지 2년이 지나도록 세계 어떤 나라도 그들을 아프간의 공식 정부로 인정하지 않은 상태다. 그러나 중국은 카불 주재 대사를 임명하고 광산에 투자했다. 아프간처럼 일대일로가 지나는 거점들에서 중국의 존재감이 커지면 미국과도 갈등이 늘어날 수밖에 없다.

영국과 러시아는 19세기에 유라시아 진입로인 아프간을 놓고 '그레이트 게임'으로 불리는 패권 다툼을 벌였다. 21세기 초입에 미국의 대테러전으로 '그레이트 게임 2.0'이 벌어졌다. 중국이 탈레반을 용인해주며 아프간에 영향력을 늘리면 이 세력전이 3라운드로 갈 수 있다. 아이러니는, 1980년대 소련의 아프간 점령 기간 미국이 CIA를 동원해 아프간 무자히딘들을 키울 당시 중국도 반소련 무자히딘들을 도왔다는 것이다. 그러다가 위구르족 테러를 막는다며 그

명분으로 아프간에 군사기지를 만들더니, 다시 아프간의 극단정권
과 손을 잡기 시작했다. 미국이 키운 무자히딘들은 뒤에 미국을 향
해 총구를 돌렸고, 미국은 전쟁으로 대응했다가 재정이 거덜났다. 중
국이 아프간 내부 상황에 개입하려 하지는 않겠지만, 탈레반이 다시
세계의 지탄을 받는 행위를 한다면 그들을 끌어안는 것이 중국에도
큰 부담이 될 수 있다.

미국, 중국, 러시아의 군구 체계

2019년 8월, 미국이 1980년대에 만들었다가 2002년 폐지했던 '우주사령부'USSPACECOM를 다시 만들었다. 우주 공간에서의 군사 작전, 지상 100킬로미터 이상의 높이에서 벌어지는 작전을 책임지는 사령부다.

미국은 옛소련과 군비경쟁을 벌이던 1985년 육·해·공군의 우주작전을 조율하는 우주사령부를 만들었다. 로널드 레이건 정부의 '스타워즈' 개념이 통하던 시대였다. 그러나 냉전이 끝난 뒤에는 실효성 없이 예산을 낭비한다는 지적이 많았다. 2001년 9·11 테러가 나면서 안보의 관심은 우주에서 땅으로 내려왔고, 조지 W. 부시 당시 대통령은 국토안보부를 신설했다. 테러조직에 맞선 정보전쟁의 중요성이 커지면서 예산은 그쪽으로 몰렸고 우주사령부는 이듬해 결국 폐지됐다. 국방부는 우주사령부와 전략사령부의 일부 기능을 통합시켜 그해 북부사령부USNORTHCOM를 만들고 '북미와 미국 본토'를 담당하게 했다.

그러다가 러시아와의 '신냉전'이 불거지고 중국과도 우주탐

사 경쟁을 하게 되면서 우주사령부를 다시 여는 구상이 힘을 받았다. 공군 산하에 별도의 우주사령부가 있었지만 1982년 만들어진 이 조직의 기본 임무는 대륙간탄도미사일 등 미사일 시스템을 운용하는 것이었다. 우주에서의 정보수집과 타격 능력 전반을 강화하고 '우주군'을 만들자는 구상이 나왔고, 도널드 트럼프 대통령이 우주사령부를 재개설했다. 이로써 2009년 아프리카사령부를 만든 지 10년 만에 사령부 하나를 더 늘렸다.

미군에는 11개 통합전투사령부UCC가 있다. 6개는 지역별, 5개는 기능별 사령부다. 기능별 사령부에는 사이버사령부, 우주사령부, 특수작전사령부, 전략사령부, 수송사령부가 있다.

지역별 사령부들을 보면 세계의 패권국임을 과시하듯 미국 본토가 아닌 '세계'를 무대로 관할 지역이 나뉘어 있다. 가장 먼저 만들어진 것은 제2차 세계대전이 끝나고 2년 뒤 설치된 인도-태평양사령부다. 이어 유럽사령부가 만들어졌고, 중·남미를 관할하는 남부사령부와 중동 작전을 맡는 중부사령부가 출범했다. 맨 마지막 만들어진 것이 아프리카사령부다.

유럽과 아프리카사령부를 제외한 4개는 미국 내에 본부를 두고 있다. 아프리카사령부는 아프리카에 본부를 두려 했지만 반미 여론과 테러공격의 타깃이 될 것을 우려한 각국이 유치를 거부해 독일 슈투트가르트의 유럽사령부 옆에서 더부살이를 하고 있다. 통합전투사령부 외에도 미 국방부는 대통령이나 장관의 결정에 따라 지정학적 필요성을 감안해 준통합사령부를 둘 수 있다. 북부사령부 산하의 알래스카사령부ALCOM, 인도-태평양사령부 밑에 있는 한국사령부USFK, 중부사령부 아래에 있었던 아프가니스탄사령부USFOR-A 같은 게 그런 예들이다.

미국의 패권 밑에 엎드려 있던 러시아와 중국도 2010년대에 군사 관할 구역 체계를 정비했다. 러시아는 2010년 대대적인 국방 개혁을 마무리하면서 볼가-우랄·시베리아·극동 등 6개로 나뉘어 있던 군구를 조정해 서부·남부·중부·동부의 4개 군구로 만들었다. 육군 40퍼센트가 배치된 서부 군구는 모스크바와 상트페테르스부르크 포함한 핵심 지역이며 핵전력을 총괄하는 군구다. 남부 군구에는 러시아 해군의 중심축들인 흑해함대와 카스피선단이 포함돼 있다. 2014년 우크라이나 땅이었던 크름반도를 병합한 뒤 남부 군구에 집어넣었는데, 크름반도의 세바스토폴이 바로 흑해함대의 모항이다. 중부 군구는 중앙아시아 옛 소련권 국가들과의 안보 조율을 주된 임무로 맡고 있다. 과거의 극동 군구와 시베리아 군구 일부가 합쳐진 동부 군구는 관할 면적이 700만 평방킬로미터에 이르며 태평양함대를 보유했다.

2021년 푸틴 대통령은 묵방함대 합동전략사령부를 군구로 전환시켜 '북부 군구'로 만들었다. 북방함대는 러시아 제국의 북극 선단과 백해 선단을 모태로 소련이 1933년 공식 출범시켰다. 제2차 세계대전 때 핀란드와의 '겨울 전쟁', 독일과의 '독-소 전쟁'에 주력부대로 참전했으며 러시아가 보유한 핵잠수함들이 북방함대에 소속돼 있다. 이로써 러시아의 군구는 5개가 됐다.

하지만 우크라이나 전쟁을 계기로 군구 개편작업이 계속 진행 중이다. 러시아는 2022년 말 우크라이나 동부 4개 주를 병합했다고 선언했고 2023년 2월에는 이 지역들을 남부 군구에 포함시켰다. 몇 달 뒤에는 2010년 없앴던 모스크바 군구, 레닌그라드 군구를 되살리기로 했다는 소식이 전해졌다. 2010년 6개 군구를 4개로 줄일 때 이 두 군구를 없애면서 국토 '방어'에 초점을 맞췄는데, 전쟁을 계기로 '서방 동맹'에 맞서 공세적인 형태로 재편하려는 것이라는 분석이 나왔다.

중국의 군사 관할지역은 전구戰區 체계로 돼 있다. 2015년 군사개혁을 하면서 7개 전구를 통폐합, 5개 전구로 만들었다. 이듬해 2월 시진핑 주석이 이를 공표했는데, 전구 개편을 '공식' 발표하고 대규모 기념식을 열었다는 사실 자체가 주목을 받았다. 이 군사개혁에서는 지상군 중심이던 인민해방군의 축을 이동시켜 해상·공중 작전능력을 강화한 것이 핵심이었다.

정비된 전구는 중·동·남·서·북부의 5개로 돼 있다. 베이징에 본부를 둔 중부 전구 사령부는 중국 중북부와 베이징 일대를 담당한다. 난징의 동부전구 사령부는 중국 동부와 동중국해, 대만 해협을 관할한다. 남부전구 사령부는 이른바 '남중국해 갈등'에서 중국의 군사적 대응을 맡는 사령부다. 중국 중남부와 베트남 접경지대, 남중국해를 관할하며 중국이 보유한 첫 항모 랴오닝호를 운용하고 있다. 만에 하나라도 중국이 대만을 상대로 무력을 사용하려고 한다면 동부전구가 상륙작전을, 남부전구가 그 지원 역할을 하게 될 것이라고 서방에서는 분석한다.

칭다오의 서부전구 사령부는 인도와의 국경분쟁 지대를 포함해 중국 영토의 거의 절반에 이르는 서부의 광활한 지역을 담당하고 있다. 2015년의 개편으로 신장위구르와 티베트를 관할하고 인도와 국경을 맞댄 서부전구의 덩치가 대폭 커졌다. 서부전구의 주된 임무 중 하나는 분리주의나 테러 위협에 대한 대응이다. 선양의 북부전구 사령부는 중국 북동부 몽골, 러시아, 북한 국경지대와 한국과의 군사 관계를 관리한다. 북부전구에는 칭다오·다렌·옌타이의 해군기지 가 있다.

5부 세계가 반대한 이라크 전쟁

1장

◆

실패로 이끌다

미국의 오만, 미국을

　2003년 1월 18일, 영하의 추위 속에서 미국 워싱턴의 의사당 앞에 수만 명이 모여 "전쟁 반대"를 외쳤다. 미국을 '깡패 국가'라 부른 것은 북한도 이라크도 이란도 아닌, 미국의 시민들이었다. 시위대의 피켓 중에는 '정권 교체Regime Change'라 적힌 것들도 있었다. 하지만 시위대가 원하는 정권 교체의 대상은 미국 조지 W. 부시 대통령이 악마 취급을 하던 이라크의 사담 후세인이 아니라 부시 자신이었다. 시민들은 부시가 말한 '악의 축'이라는 발언을 부시에게로 돌리면서 "이 악이 우리 아이들 머리 위에 내리지 않기"를 바랐다.

　그날 프랑스에서는 파리를 비롯한 40개 도시에서 반전 평화시위가 벌어졌다. 당시 프랑스는 유엔 안전보장이사회 의장국을 맡고 있었다. 시위대는 프랑스가 거부권을 행사해 이라크에 대한 군사공격을 막아야 한다고 주장했다. 영국에선 런던 트라팔가 광장에서 수천 명이 반전 집회를 열었으며 노팅엄, 맨체스터, 벨파스트 등지에서 밤새 촛불 시위가 벌어졌다.

러시아, 일본, 시리아, 요르단, 이집트, 독일, 스웨덴 그리고 한국 등 세계 곳곳에서 크고 작은 평화집회가 열렸다. 베트남전 이래 수십 년 만에 전 세계의 시민들이 미국의 무모한 전쟁 계획에 항의했다. 베트남전 때의 시위가 주로 미국과 유럽에 국한됐던 것과 달리 이때의 반전 행동은 '지구적'이었다. 곳곳에 깊은 상처를 남긴 이라크 전쟁에 대한 우울한 예언이기도 했다.

해서는 안 됐던 전쟁

미국이 이라크를 공격한 지 2023년 3월 20일로 20년이 됐다. 그 전쟁으로 이라크 사람들은 공습과 테러와 무력 충돌에 죽어 나갔고, 미국은 빚더미에 앉았다. 세계는 분열됐고, 원유 지정학의 핵심인 중동엔 격변이 왔다. 호평을 받는 전쟁이 있을까마는, 이라크 전쟁에 대한 세계의 평가는 특히나 냉혹하다. 인도적 측면에서는 물론이고 국제정치와 지정학적인 측면, 경제적인 측면, 모든 면에서 이 전쟁은 실패였다. 미국이 '이라크 자유작전'이라는 이름을 붙였던 이라크전은 '해서는 안 되었던 전쟁'이었다.

이라크 공격은 애초부터 거짓말로 시작됐다. 미국은 2001년 9·11 테러가 발생한 뒤 테러조직 알카에다 지도자 오사마 빈라덴이 은신해 있던 아프가니스탄을 공격했다. 그런데 미국의 '테러와의 전쟁'은 아프간 침공으로만 끝나지 않았다. 부시는 집권 첫해에 시작한 아프간 전쟁에 이어, 2년 뒤인 2003년 또 다른 전쟁을 벌이기

이라크 전쟁의 참상

시작했다. 공격 대상은 12년 전인 1991년 그의 아버지 조지 H. W. 부시가 대통령이던 시절 공격한 적이 있는 이라크였다.

　그전까지 미국은 중동과 중남미, 아프리카, 아시아의 나라들에서 반미 성향의 정권이 들어서면 그 나라 군부나 반대세력이 쿠데타를 일으키도록 부추기며 간접적으로 정권을 뒤집어엎는 전략을 써왔다. 하지만 2003년 부시 행정부는 '직접 개입', 즉 전쟁이라는 수단을 통해 정권을 교체해버리는 쪽으로 방향을 틀었다. 이른바 정권교체 혹은 체제 교체 전략이다.

목표는 미리 정해놓았고, 명분은 멋대로 붙이면 되는 것이었다. 당시 부시 행정부 안팎에는 '네오콘neo-conservatives'이라 불리는 신보수주의자들이 포진해 있었다. 이들은 사담 후세인 정권을 제거해야 한다는 명분을 찾으려 애썼다. 부시 정권은 이라크를 테러와 연관 지으려 했으나, 사담 후세인 정권은 이슬람 극단주의 조직인 알카에다와는 전혀 성격이 다른 세속주의 독재정권이었고 오히려 이슬람 극단주의를 억누르기 위해 애썼다는 것이 정설이다.

알카에다 연계설이 받아들여지지 않자 그다음에 내놓은 것은 '대량살상무기' 문제였다. 이라크가 핵무기·생물무기·화학무기 등 대량살상무기를 가지고 있거나, 혹은 제조하기 위한 작업을 하고 있다는 것이었다. 부시는 "이라크의 대량살상무기를 손에 쥔 사담은 이미 화학무기로 수천 명을 숨지게 한 살인마 독재자"라고 주장했다.

사담 후세인이 이란-이라크 전쟁(1980~1988) 끝 무렵인 1980년대 말 북부 쿠르드 지역의 할라브자에서 분리 독립을 요구하는 쿠르드족 수천 명을 화학무기로 학살한 것은 사실이다. 하지만 그 때문에 이라크를 공격해야 한다는 건 어불성설이었다. 유엔은 할라브자 학살이 알려지자 1990년부터 이라크 북부를 비행 금지구역으로 정해 제공권을 차단했으며 쿠르드족이 자치정부를 구성하도록 지원했다. 이때부터 사실상 북부 쿠르드 지역은 사담 정권의 통제에서 벗어난 상태였다.

대량살상무기를 만들거나 퍼뜨리는 무법자들을 '세계 경찰'로서 징벌한다는 미국의 입장 자체가 국제사회에서는 논란거리였다. 미국이 세계에서 대량살상무기인 핵무기를 가장 많이 갖고 있는 나라라는 점, 이스라엘처럼 미국과 친한 나라는 핵무기를 가져도 그대로 둔다는 점, 세계 어느 나라도 미국에게 멋대로 다른 나라를 징벌할 권한을 준 적이 없다는 점 등은 미국의 정당성을 흔드는 요인들이었다.

미국은 이라크가 핵무기를 만들고 있다고 했지만, 이 문제에 대해 부시 정권이 주장한 내용 또한 대부분 과장됐거나 사실이 아니었다. 이라크가 핵무기에 관심을 보였던 것은 사실인 듯하다. 하지만 그 때문에 이미 오랫동안 미국의 압박 속에 유엔의 핵무기 사찰을 받았다. 유엔 사찰단원으로 일했던 이들이 "미국이 핵 개발을 이유로 이라크에 경제제재를 가한 탓에 식량과 의약품이 모자라게 되면서 이라크 아이들이 숨지고 있다"고 비난한 적도 있었다.

미국 국무장관마저 속인 네오콘들

미국은 이라크가 아프리카에서 우라늄을 수입하려고 했다고 했지만, 미 중앙정보국이 관여해 언론에 사실과 다른 정보를 흘린 사실이 드러나기도 했다. 전쟁을 시작하기 전에 미국 국무장관이던 콜린 파월은 "이라크 대량살상무기의 증거를 공개하겠다"면서 유엔에서 직접 브리핑까지 했다. 알고 보니 그 증거라는 것들이 조작된 것이었고, 심지어 미국의 외교 수장인 파월 장관조차도 속인 것이었다. 파월은 아버지 부시 시절의 걸프전에서 영웅이 된 군인 출신이다. 부시 행정부 안에서 전쟁을 바라던 이들이 자신마저 기만했다는 사실에 파월은 극도의 배신감을 느꼈고 이를 회고록에서 술회한 바 있다.

　나중에 미국이 이라크를 침공해 점령한 뒤 다시 자체적으로 사찰단을 꾸려서 이라크 전역을 샅샅이 뒤졌으나 핵 관련 시설 등 대량살상무기 개발계획을 뒷받침해주는 증거를 찾아내는 데 실패했다. 이라크 '핵 계획'에 대한 정보를 비틀고 조작한 일은 뒤에 미국내에서도 엄청난 논란거리가 됐다. 전쟁 5년 뒤인 2008년 미국 언론은 9·11 테러 때부터 이라크 침공 때까지 1년 반 동안 부시 대통령과 최측근 7명이 공개적으로 발언한 내용을 분석해보니 935건이 거짓 발표나 진술들로 드러났다고 보도했다.

　결국 미국이 마지막에 명분으로 든 것은 사담 후세인이 자국민을 핍박하는 독재자이니 몰아내고 민주화를 시켜야 한다는 것이었다. 거창하게 '중동 민주화 구상'이라고 주장했지만 설득력은 없었다. 오히려 주권 침해라는 비판이 일었다. 반전 여론이 세계를 휩쓸었고 노벨 평화상 수상자인 넬슨 만델라 전 남아프리카공화국 대통령, 당시의 교황 요한바오로 2세도 전쟁에 반대하는 목소리를 냈다.

　결국 이라크 전쟁은 국제적인 지지를 전혀 얻지 못했다. 미국이 열띠게 외교전을 벌였음에도 불구하고 유엔 안전보장이사회의 상임이사국 가운데 러시아와 중국, 프랑스는 끝내 '무력사용 결의'를 지지하지 않았다. 코피 아난 당시 유엔 사무총장도 미국의 이라크 침공에 몹시 비판적이었고, 미국이 유엔과 국제사회를 무시하고 마침내 침공을 감행하자 격렬히 비판했다. 결국 미국의 입김을 강하게 받는 영국, 캐나다, 일본, 한국, 그리고 동유럽과 중남미의 일부 국가들만이 이라크 전쟁에 파병을 했다.

독불장군 미국이 끝내 공격을 시작한 것이 2023년 3월 20일이다. 그날 바그다드 상공엔 미군의 공습으로 화염이 솟아올랐다. 미국은 이라크 정규군과 사담 정권의 정예부대인 공화국 수비대를 합하면 병력이 40만 명이나 된다고 했지만 이들 이라크군은 순식간에 무너졌다. 부시는 전쟁 석 달 만에 미 항공모함 위에서 당당하게 "주요 전투는 끝났다"며 승리를 선언했다. 사담은 전쟁이 일어나자마자 도망쳤고, 2003년 12월 미군에 붙잡혀 2006년 말 이라크 새 정부의 특별재판소에서 사형선고를 받고 처형됐다. 사담의 두 아들도 미군에 사살됐다.

그 전쟁에서 숨진 사람이 사담과 그 무리들뿐이었을까. 거센 반대 여론을 의식한 미군은 '외과수술 같은 정밀 폭격'으로 민간인 피해를 줄이겠다고 했다. 하지만 전쟁은 외과수술이 아니며 막대한 양의 값비싼 무기들을 쏟아부은 전면전에서는 '정밀 폭격'은 공허한 약속에 불과했다. 공격 개시 2주 만인 4월 3일, 이라크 중남부 힐라의 병원은 갈기갈기 찢긴 시신들로 뒤덮인 지옥으로 변했다. 미군이 군사시설도 아닌 병원을 잘못 폭격해 버린 것이었다. 이라크전의 맨얼굴을 그대로 보여준 '힐라 병원 오폭사건'이었다.

미군의 작전 중에서 가장 격렬한 비난을 산 것은 2004년 바그다드 부근 팔루자에서 벌인 저항세력 색출 작전이다. 이 작전을 빌미로 미군은 무고한 민간인들을 "이라크인이라는 이유만으로" 학살했다. 2006년 3월에는 미군들이 마흐무디야라는 마을의 민가에 들이닥쳐 한 소녀를 성폭행하고 가족들을 불태워 죽인 끔찍한 사건이 일어났다.

참상은 그 후로도 오랫동안 계속됐다. 2007년에는 민간 군사 회사인 블랙워터 직원들이 아무 무기도 없는 주민들에게 총기를 난사해 17명을 살해했다. 학살은 아니지만 '인권과 민주주의의 수호자' 역할을 자처해온 미국의 이미지에 치명타를 안긴 또 다른 사건도 있었다. 2004년 미국이 바그다드 근교 아부 그라이브의 수용소에 '테러 용의자'들을 가둬놓고 끔찍한 인권침해를 저지른 사실이 드러난 것이다. 원래 아부 그라이브는 이라크의 교도소였는데 미군이 점령하고 이라크인들을 붙잡아다 가둬놓는 수용소로 쓰고 있었다. 이곳에서 미군은 죄가 입증되지도 않은 이라크인들에게 '테러 용의자' '사담의 잔당' 딱지를 붙인 뒤 짐승처럼 다뤘는데 그 사진들이 폭로되면서 미국이 궁지에 몰렸다.

최대 정치적 승자는 이란

외교적으로나 경제적으로나 지정학적으로나, 전쟁의 여파는 컸다. 국제사회의 반발과 미국 동맹들의 분열은 미국이 자초한 것이었다. 안보리는 미국·영국과 그 나머지 나라들의 대결장이 됐고 미국의 위상은 떨어졌다. 이후 리비아 내전, 시리아 내전 등 중대한 이슈가 있을 때마다 국제사회의 분열이 반복된 것은 미국이 거짓 정보를 퍼뜨려가며 이라크를 침공하면서 분란을 일으킨 탓이 컸다.

중동의 정치 지도는 이라크 전쟁 이후 크게 바뀌었다. 미국의 바람과는 반대로, 최대 정치적 승자는 미국이 수십 년 동안 적대시해온 이란이었다. 앞에서 얘기했듯이 '아랍의 봄'으로 불린 민주화

혁명을 거치며 이집트의 군사 독재정권이 쫓겨났고, 사우디아라비아의 친미 왕정도 무너지지는 않았지만 정치적으로 궁지에 몰렸다. 반면 이란은 이웃한 이라크가 무너지면서 지역 패권국으로 부상했다. 미국의 거센 압력 속에서도 이라크와 시리아를 지나 서쪽으로 지중해 연안의 레바논까지 세력을 넓힌 것이다. 미국을 비롯한 서방 세계에서는 이를 '시아 벨트'라고 부르기도 한다. 이슬람 세계의 대부분 지역은 수니 파가 다수이지만 이라크와 시리아, 레바논에는 이란과 같은 시아파 무슬림들이 많이 산다는 점에서 붙인 이름이다. 하지만 이란이 보폭을 넓힌 것은 종교적인 공통점 때문만은 아니다. 이들 지역에 미국의 횡포에 불만을 품은 사람들이 많고, 그런 여론을 바탕으로 세력을 키운 정치집단들이 있기 때문이라고 보는 게 맞을 것이다.

이라크 전쟁은 세계 경제의 암초이기도 했다. 유가가 치솟았다. 그 뒤에 많이 떨어지기는 했지만, 중동이 전쟁에 휘말리자 기름값이 5배 이상 뛰어버린 것이다. 결과적으로 보면 러시아를 비롯해 에너지를 팔아 먹고살던 나라들에만 이득이었고 미국 재정은 거덜날 판이 됐다. 미국 연방정부의 재정은 1980년대 공화당 정권 시절에 엄청난 적자였다가 1990년대 민주당이 8년 동안 집권하면서 흑자로 돌아섰다. 그런데 다시 공화당의 부시 정부가 들어서서 아프간과 이라크 두 곳에서 전쟁을 벌여 파산할 지경이 된 것이다.

전쟁을 주장한 사람들은 "이라크의 막대한 에너지 자원을 팔아 이라크를 재건할 비용을 충당하면 미국이 전쟁으로 써야 할 돈은 크게 줄일 수 있다"고 호언장담했다. 그러나 기대했던 '이라크 개발'은

허상에 불과했다.

이라크는 전쟁 전에도 이미 10년 넘게 미국과 유엔의 경제제재를 받고 있었다. 금수 조치 때문에 손발이 묶인 와중에도 사담 후세인 정권은 유엔을 설득해 '석유-식량 교환계획OFP'이라는 것을 얻어냈다. 사람들이 굶어 죽게 할 수는 없으니, 원유를 팔아 식량과 의약품은 살 수 있게 해주는 것이었다. 그 대신 원유를 판 돈으로 무기나 혹은 무기 개발에 쓰일 수 있는 물건들은 살 수 없게 조건을 달았다. 이 프로그램 덕에 이라크는 제재를 받으면서도 원유를 일부나마 수출할 수 있었다. 그런데 미국의 공격으로 정부가 무너지고 인프라가 부서졌으니, 이라크의 원유 수출량은 전쟁 전보다도 일시적으로 확 줄었다.

그 피해는 고스란히 이라크 국민의 몫이 됐다. 사담을 몰아내고 2006년까지는 미군이 이라크를 통치했다. 3년간의 미 군정 기간을 끝낸 뒤에는 선거를 통해서 이라크에 새 정부가 구성됐다. 이런 과정을 거치는 동안, 미국은 이라크 재건에 적잖은 돈을 쓴 것이 사실이다. 돈을 들이지 않은 것은 아닌데 결과가 좋지 않다는 게 문제였다. 전후 10년이 됐을 때 '재건계획'이 어떻게 진행됐는지 조사한 미국 정부의 회계감독관은 "미국은 600억 달러가 넘는 돈을 이라크에 퍼부었지만 결과는 좋지 못했다"고 지적했다.[74] 그 이유는 서둘러 전쟁을 일으키느라 재건계획을 제대로 짜지 못했기 때문이었다. 그래서 미국이 쓴 돈은 대부분 미국 기업들, 미군 하청업체들에게 들어갔고 일부는 이라크의 부패한 관리들 주머니로 흘러갔다.

영국 『파이낸셜 타임스』에 따르면 "이라크 전쟁 뒤 경호 · 재건

사업 등에 뛰어든 민간 기업들이 10년간 1,380억 달러를 벌어들였다"고 한다.[75] 당시 환율로 무려 153조 원에 이르는 돈이었다. 상세한 분석을 보면 문제점을 더 분명하게 알 수 있다. 이른바 '이라크 재건사업'에 참여한 상위 10대 기업이 전쟁으로부터 벌어들인 수익은 최소 720억 달러에 달했다. 그런데 그중에서도 독보적인 존재는 미국 에너지기업 핼리버튼의 자회사였던 켈로그 브라운 & 루트KBR였다.

전쟁을 일으킨 대통령은 부시였지만, 그 옆에서 전쟁을 부추기고 기획한 진짜 장본인은 딕 체니 부통령이었다. 영화로 만들어져 넷플릭스에서 상영된 「바이스」, 바로 그 인물이다. 바이스vice는 미국 '부통령'과 '악덕'을 가리키는 뜻하는 동음 이의어이니, 체니를 설명하기에는 최적의 단어인 셈이다. 핼리버튼은 바로 그 체니가 경영자로 있었던 회사다.

"시체는 세지 않는다"

미군은 2003년 3월부터 2011년 12월 말 철군할 때까지 8년 9개월간 이라크에 주둔했다. 전쟁에 직접적으로 들어간 돈과 이라크 재건에 투입한 비용, 미국 내 전역병·부상병 복지비용 등을 모두 합치면 미국은 2조 달러 이상을 들인 것으로 추산된다. 미국은 가장 많았을 때에는 이라크에 15만 명을 파병했다. 이라크에서 숨진 미군과 다국적군 사망자 수는 4,800명이 넘는다. 이라크에서 다치고 장애를 입은 전역병들은 재정적자와 함께 미국 사회가 앞으로 수십 년간 책임져야 할 짐이다. 더불어 '수퍼 파워(초강대국)'로서 미국의 자존심, '선한 강대국'이라는 이미지도 타격을 입었다. 이 모든 것이 부시의 전쟁을 승인해주고 그에게 연임까지 안겨준 '못난 유권자들'에게 지워진 부담이었던 셈이다.

어쨌든 미국은 전쟁을 일으킨 나라이니 그 짐을 짊어지는 수밖에 없다. 그러나 이라크인들은 무슨 죄일까. 미국은 전쟁의 상대국인 이라크의 민간인 피해에 대해서는 집계조차 하지 않았다. 이라크 전쟁을 맡았던 미군 중부사령부의 토미 프랭크스 사령관은 "우리는 시체를 세지 않는다We don't do body counts"라는 말로 표현했다. 그래서 이라크의 인적 피해는 집계 기관에 따라 추정치가 크게 엇갈리지만, 전쟁 10년 동안 대략 12만 명에서 20만 명이 숨진 것으로 추산된다. 물론 이들이 모두 미군의 미사일과 총탄에 숨진 것은 아니다. 전쟁은 미사일과 총탄과 대포 외에도 여러 가지 방식으로 사람들의 목숨을 앗아가고 삶을 파괴하기 때문이다. 미군의 폭격과 지상 작전에서 숨진 이들도 있지만, 특히 전쟁 와중에 벌어진 종파 갈등과 테러 공격 등으로 이라크 민간인들이 많이 희생됐다.

전쟁은 끝났고 적잖은 시간이 흘렀다. 지금 이라크 상황은 어떨까.[76] 미국이 약속한 '민주주의'는 어떻게 됐을까. 전쟁과 그 이후의 혼란, 인명 피해와 인프라 붕괴 등의 고통을 겪었지만, 적어도 민주주의 면에서 보자면 포스트 사담 시대의 이라크는 불안정 속에서도 나름의 길을 모색해가고 있다고 할 수 있다.

물론 처음엔 혼란과 폭력의 연속이었다. 미국은 처음에 이슬람 극단주의 테러와 이라크를 엮으려 했지만, 그 주장과 정반대로 이라크에서 극단주의 테러가 기승을 부린 것은 미국의 침공 뒤였다. 극단주의 테러집단을 억누른 독재정권의 물리력이 사라지고 반미감정이 극에 이르자, 미군 점령하의 이라크에서는 외부에서 유입된 테러조직원들이 '이라크 알카에다' 지부를 만들어 기승을 부렸다. 2003년 사담이 쫓겨나고 2006년까지가 이라크에서는 테러와 유혈 충돌이 가장 극심하게 일어난 기간이었다.

그러다가 2006년 새 정부가 출범했다. 선거를 실시하자 시아파 정권이 들어섰다. 미국이 원했던 바와는 달랐다. 시아파 정치지도자들 상당수가 이란과 친화력이 있었기 때문이다. 부패도 심했다. 게다가 앞서 시리아 내전에서 언급했듯이 극단세력 이슬람국가 IS와의 싸움이 벌어지는 바람에 2010년대 중반 다시 한번 혼란을 겪어야 했고, 그로 인해 100만 명가량이 국내 난민으로 남아 있다. 그럼에도 이라크에서는 시민사회가 성장해 가고 있고, 정부를 감시하며 목소리를 내고 있다.

일례로 2015년 무더위 속에 남부와 중부에서 전기공급이 계속 낮아지자 정부의 무능에 항의하는 대규모 시위가 벌어졌다. 2018년 여름에는 이란이 과도하게 영향력을 강화하려 하자 반이란 시위가 벌어져 친이란계 정권이 뒤집혔다. 정치적 불안정이 되풀이되긴 했으나 이 또한 민주주의가 뿌리를 내리는 과정에서 벌어지는 혼란이라 할 수 있다. 잇단 시위를 거치면서 시민들은 종파적 정체성을 넘어 정권 교체와 제도적 변화를 요구하는 쪽으로 나아갔다.[77] 2020년 초 미군이 바그다드에서 드론으로 이란 혁명수비대 고위 사령관을 암살하자 주권침해에 항의한 이라크 의회는 '외국 군대의 철수'를

요구하는 결의안을 채택했다.[78] 상징적인 조치이긴 했으나, 미국에
짓밟혔던 이라크의 자존심이 무너지지 않았음을 보여준 사례였다.

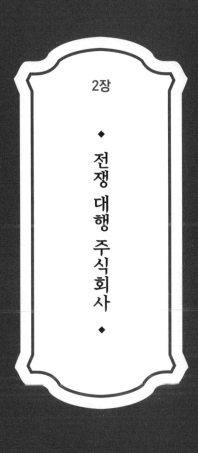

2장

◆

전쟁 대행 주식회사

◆

2021년 8월, 미군이 20년에 걸친 전쟁을 끝내고 아프가니스탄에서 나갔다. 허둥지둥 도망치듯 빠져나가는 모습이 세계에 충격을 안겨줬다. 그런데 기나긴 전쟁이 이어지는 동안 아프간에 있었던 '미국의 병력'은 과연 전부 미군이었을까?

미국 의회조사국CRS의 연구에 따르면 2008년 12월 아프간에 있는 미 국방부 병력의 69퍼센트를 '계약업체'가 차지했다. 당시 의회조사국은 보고서에 "이는 미국 역사상 모든 분쟁에서 국방부가 동원한 계약업체의 비율 중에 가장 높은 비율"이었다고 적었다.[79] 그 이듬해 말, 미국 하원은 아프간에서 미 국방부 호송대를 보호하기 위해 민간 보안업체들을 고용했는데 이 업체들이 지역의 무장조직들과 탈레반에게 돈을 건넨 의혹이 있다고 밝혔다. 미국이 탈레반과 싸우려고 전쟁을 했는데, 미국 시민들이 낸 세금이 뜻밖에도 반군이나 현지 군벌들에게 흘러 들어갔을 수 있다는 뜻이었다.

21세기의 용병들

PMC라는 용어가 있다. 민간 군사회사Private Military Company의 약자로, 돈을 받고 군사 행동이나 보안 업무를 해주는 기업들을 가리킨다. 미국 정부와 계약을 많이 하기 때문에 미국 언론은 '계약업체contractor'라고 줄여서 부르곤 한다.

PMC는 어떤 일을 주로 할까. 시설 보안이나 경비를 주로 하지만 군사기지의 시설을 세우고 급식을 하는 일부터 분쟁지역에서 경찰이나 군대처럼 치안을 유지하는 일까지, 매우 다양하다. 심지어 각국 정부와 계약해 정찰 등 정보수집을 해주거나 전투를 대신 해주기도 한다. 아프간에서는 대통령을 경호하고, 남미의 콜롬비아에서는 마약 게릴라들과 싸우는 정부를 대신해 정찰기와 헬리콥터를 조종하는 식이다.

현대 사회에 들어서기 전에는 '용병'이라고들 했다. 로마 한가운데에 있는 바티칸은 교황이 다스리는 지역으로 이탈리아 안에 있지만 별개의 '국가'로 인정받는다. 그러나 군대를 보유하고 있는 보통의 국가는 아니기 때문에, 교황청 경비를 스위스 '용병'들이 맡고 있다. 전투를 하는 부대는 아니지만 이것도 보안 업무를 외부에 위탁한 사례라고 할 수 있다. 국내 언론에서 외국 출신의 스포츠 선수들을 용병이라 부르곤 하는데 정치적으로 올바른 표현은 아니다. 돈받고 대신 싸워주는 사람들이라는, 낮잡아 보는 뜻이 포함돼 있기 때문이다. 반면에 PMC들은 본래 의미의 용병이지만 그들이 하는 업무가 너무나 광범위하기 때문에 용병회사라기보다는 민간 군사회사라는 표현이 널리 쓰이고 있다.

현대적인 의미의 PMC는 언제 생겨났을까. 1965년에 영국군 특수부대 출신들이 스파이 활동부터 군 훈련과 무기 공급까지 온갖 일들을 대신 해주는 기업을 만든 것이 시초라고 보는 이들이 많다. 제2차 세계대전이 끝난 뒤 세계 곳곳의 식민지를 잃자 영국에서는 군의 역할이 크게 줄었다. 일거리가 적어지고 군대 규모가 축소되자 전역병들이 옛 식민지 국가들이나 저개발국에서 군사 업무를 대행하는 회사들을 차렸다. 이스라엘과 남아프리카공화국 등을 중심으로 PMC들이 속속 이름을 알렸지만, 이들의 활동이 두드러지기 시작한 것은 1990년대다. 냉전이 끝난 탓이다. 옛 소련이나 동유럽의 무기들이 '시장'에 헐값으로 풀려 무장세력들 손에 들어가면서 세계 곳곳에서 분쟁이 격화됐다. 서방의 군대에서 빠져나간 군인들도 많았다. 미국 대 소련의 핵 대결 같은 대규모 전쟁의 위험은 크게 줄었지만 냉전이 끝난 뒤 아시아와 아프리카와 동유럽 등 여러 곳에서 국가와 무장조직 혹은 무장조직과 무장조직 간의 충돌이 많아졌고 그것이 곧 PMC들에는 엄청난 기회가 됐다.

아프간 전쟁과 이라크 전쟁, 미국이 일으킨 두 차례 '테러와의 전쟁'은 PMC들의 시장이 어마어마하게 커지는 계기가 됐다. 미국 부시 행정부가 전쟁에 계약업체들을 대거 고용했기 때문이다. 부시 행정부의 국방장관이었던 도널드 럼스펠드는 딕 체니 부통령과 마찬가지로 군수산업과 밀접한 관계를 맺고 있는 인물이었고, 미군 업무의 대대적인 아웃소싱을 추구했다. 그래서 미군은 이라크 점령 뒤 반군을 소탕한다면서 전투 작전에 계약업체 직원들을 동원하기도 했고, 바그다드에 세워진 거대한 미국 대사관의 경비를 맡기기도 했다. 이 때문에 이라크 전쟁은 현대전 역사상 가장 민영화된 전쟁, '군인보다 민간업자들이 더 많았던 전쟁'으로 불린다. 1991년 걸프전이라는 이름으로 미국이 이라크를 공격했을 때에는 민간에서 동원한 인력이 1만 명 정도였는데 10여 년 지나 2003년 이라크 전쟁에서는 그 10배에 이르는 민간인들이 활동했다고 한다. 계약업체들이 국방이나 국무부 등 미국 정부 정부나 유엔으로부터 비용을 부풀려 받아내다가 들킨 일도 있었고, 이라크 주민들을 살해해 비난을 받은 적도 있다. 민간인들에게 총기를 난사한 악명 높은 PMC 블랙워터는 몇 번이나 회사 이름을 바꿔가며 지금도 영업을 계속하고 있다.

남아공과 아프리카의 PMC들

PMC는 이라크뿐 아니라 중동 곳곳의 미군 시설이나 현지 국가의 군사기지에서 일하고 있다. 카타르의 미군 기지에 무장 경비병을 공급하고 쿠웨이트의 캠프 도하에서 병사들을 훈련시키는 것도 계약업체들이다. 미군의 전쟁 무기를 관리하는 일, 정치 지도자를 경호하는 일 등등 PMC가 관여하지 않는 일들이 거의 없다고 봐야 한다.

중동에서만 벌어지는 일이 아니다. 아프리카로 옮겨가 보자. 남아공은 1990년대 초반까지 백인 정권이 집권해 '아파르트헤이트(분리)'라고 불리는 악명 높은 인종차별 정책을 펼쳤다. 그 시절 이스라엘의 지원과 미국의 묵인 속에 핵무기를 개발하는 등 군사적 역량을 크게 키웠던 백인 정권은 세계인들과 연대한 흑인들의 저항으로 결국 권력을 내놓게 된다. 당시 백인 정권의 버팀목이던 군대에서 빠져나간 이들이 민간 군사회사들로 이동해갔다. 대표적인 회사가 이그제큐티브 아웃컴즈라는 기업이었다. 이 회사는 앙골라 내전, 시에라리온 내전 등등 아프리카의 여러 분쟁에 끼어들었고 그 과정에서 잔혹 행위를 저지른 일이 폭로되기도 했다.

나이지리아에서는 2010년대 중반부터 '보코하람'이라는 극단조직이 납치와 주민 살해 등을 저질렀고, 나이지리아 정부가 소탕 작전에 들어갔다. 그러면서 2015년 보코하람 소탕을 맡을 군대의 훈련을 STTEP 인터내셔널이라는 회사에 맡겼다. STTEP은 어떤 회사일까. 웹사이트에 들어가서 회사 소개를 보면 "남아프리카공화국 베테랑 출신들"로 이뤄진 "잘 훈련된 헌신적인 전문가들"이라고 적혀 있다. 바로 위에서 얘기한 이그제큐티브 아웃컴즈 출신들이 2006년 만든 회사다.

각국의 정규 군인들에게는 군대의 규칙이 있고, 이를 어기면 군법으로 재판을 받는다. 잘못이 드러나면 당연히 처벌을 받게 된다. 반면 PMC에 소속된 사람들은 정식 군인이 아닌 민간인 신분이다. 그들이 전쟁에 개입해서 이라크의 블랙워터 직원들처럼 민간인을 학살하거나 성폭행하거나 범죄를 저지르면 누가 어떻게 책임져야 할까. 국가안보의 많은 부분이 '민영화'되는 시대에 이는 매우 중요한 문제다. 그래서 2008년 국제적십자위원회, 스위스 정부, PMC와 시민단체들이 함께 모여서 계약업체에 적용돼야 하는 '룰'을 만드는 작업을 했다. PMC를 어떻게 고용하고, 이들의 업무를 어떻게 감독

할지 국제법을 바탕으로 원칙을 정하고 구체적인 권고사항을 밝힌 '몽트뢰 문서Montreux Document'라는 일종의 국제 협약도 만들었다. 지금까지 50여 개국이 여기에 서명했다.

하지만 이 룰이 제대로 지켜지지 않는 경우가 허다하다. 다시 미국과 이라크 이야기를 꺼낼 수밖에 없다. 2010년에 블랙워터 직원들이 미국 정부와 계약해서 일하는 동안 저지른 죄 때문에 '불법 살인' 혐의로 기소됐다. 하지만 블랙워터 창업자는 회사를 팔고 떠나는 것으로 모든 책임을 피했다.

PMC 직원들이 전투에 투입되면 국제법과 미국 법에 따라 정규군이 아닌 '불법 전투원'으로 분류될 수 있는데, 미국은 이들에게 면죄부를 주기 위해서 이라크를 압박해 면책 규정을 만들기까지 했다. 이라크의 미 군정을 이끌었던 군정청장은 행정명령이라는 이름으로 "미국 정부와 관련된 모든 미국인"에게는 이라크에서 저지른 일이라 해도 이라크 법의 적용을 받지 않는 면책 특권을 누릴 수 있게 했다. 뒤에 미국 안에서도 비판이 일자 미국 군법 규정을 바꾸기는 했다. 미국이 공식적으로 선전포고를 한 전쟁이나 비상 작전에 동원된 '계약자'도 군법에 따라 기소할 수 있게 한 것이다. 그러나 빈틈은 여전히 많다.

2021년 러시아가 우크라이나를 침공한 뒤 러시아의 PMC 이름이 세계를 떠들썩하게 만들었다. 바그너 그룹이라는 이 회사를 만들고 이끌었던 예브게니 프리고진은 푸틴의 측근이었다. 프리고진이 2023년 8월 의문의 비행기 사고로 사망한 뒤 바그너 그룹은 아프리카로 주된 활동무대를 옮기겠다고 했는데, 우크라이나 전쟁 이

전에도 수단과 콩고민주공화국 등 아프리카 여러 나라의 정부 또는
군사조직과 연계해 활동을 해왔다. 미국과 유럽 국가들은 이 회사가
아프리카에서 민간인들을 상대로 폭력과 인권침해를 저질러왔다고
비판하고 있다.

알우데이드와
세계의 미군기지

호르 알우데이드. 카타르 남동쪽, 걸프(페르시아만)의 바닷물이 내륙을 비집고 들어온 좁은 해협이다. 카타르 정부가 개발을 막고 있는 이 지역에선 물길 사이로 파도가 일고 철새들이 오간다. 바닷가에서 한 걸음만 들어가면 주변엔 사막이 펼쳐져 있고 모래언덕들이 솟아 있다. 그 북쪽 내륙에 알우데이드 공군기지가 있다.

수도 도하에서 30킬로미터 떨어진 사막 가운데에 있는 알우데이드 공군기지는 카타르 영토이지만 카타르만의 것이 아니다. 인구 260만 명 중 자국민은 11퍼센트에 그치고 나머지는 모두 '체류 외국인'인 카타르는 병력이 1만 1,800명에 불과하다. 카타르 공군사령부가 알우데이드에 있지만 사실상 기지의 주인은 미군이다.

기지가 생긴 계기는 1991년 미국과 걸프 국가들이 이라크를 상대로 벌인 걸프전이다. 인구가 적고 군사력이 거의 없는 카타르는 미국의 보호 아래로 들어가는 것을 탈냉전 이후 안보전략의 핵심으로 삼고 기지를 짓기 시작했다. 전략컨설팅회사 글로벌 시큐리티의 분석에 따르면 카타르의 전략은 '일단 기지를 지으면 미군이 온다'

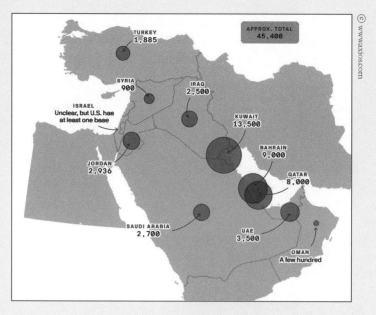

중동의 미군 기지와 주둔 규모(2003년, 추정)

는 것이었고,[80] 1996년 10억 달러를 들여 알우데이드 공군기지를 만들었다. 기지를 짓는 것도 미군 공병부대가 했으니 건설비는 거의 미군 계좌로 들어간 셈이다. 3년 뒤 당시 카타르 국왕이던 셰이크 하마드가 미국에 1만 명 규모의 병력을 주둔시켜 달라고 요청했다.

예상대로 미군은 그곳으로 들어갔다. 사우디아라비아의 미군 기지가 현지 반발 때문에 골칫거리가 돼가던 차였다. 오사마 빈라덴의 알카에다가 2001년 9·11 테러를 계획하게 된 배경 중의 하나도 사우디 내 미군기지에 대한 반감이었다. 실제로 미군기지와 미군 함정을 겨냥한 테러도 벌어졌다. 사우디에서의 미군 작전 자체에도 한계가 있었다. 사우디와의 군사협정은 미군이 '사우디 내 안보'를 위해서만 활동하는 것으로 제한하고 있었으며 그나마 남아 있던 미군도 2003년까지는 모두 철수했다. 반면 카타르와 미국이 1999년 맺은 군사협력 협정에는 활동영역 제한이 없었다. 미군이 알우데이드의 무기와 병력을 가지고 카타르 밖에서도 군사 활동을 할 수 있게 해준 것이다.

이후 알우데이드는 중동 최대의 미군기지가 됐다. 2001년 아프가니스탄, 2003년 이라크 공격 때 알우데이드에서 전투기들이 날아올랐다. 2005년부터 2009년까지 영국 공군도 이 기지의 토네이도GR4 전투기들을 가지고 '헤릭 작전(아프가니스탄)'과 '텔릭 작전(이라크)'을 벌였다. 호주군의 F/A-18 호넷 전투기와 허큘리스 수송기도 알우데이드를 기지로 썼다. 영국의 주력 전투기들은 2009년 모두 철수했지만 여전히 영국 공군은 알우데이드의 시설을 쓰고 있다. 2016년 이후로는 이슬람국가IS와의 싸움에 다시 이 기지가 동원됐다.

카타르 군대의 주요 무기는 한때는 80퍼센트 가까이가 프랑스제였지만 알우데이드의 성장과 함께 미국산 무기 비중이 늘었다. 카타르는 군사력을 현대화한다며 MIM-104 패트리어트 미사일 시스템을 구축하는 데에만 120억 달러를 썼다. 알우데이드를 운영하는 것은 오만 공군과 전쟁물자비축WRM 계약을 맺은 미국 민간 군수회사 다인코프다.

3,750미터 길이 활주로를 갖춘 사막 가운데 공군기지는 비밀리에 운영됐다. 기지의 존재가 '공식화'된 것은 2002년 3월이었다. 딕 체니 당시 미국 부통령이 이라크 공격을 준비하기 위해 기지를

방문했다. 1년 뒤 미국은 바그다드 공습을 시작했고, 사우디에 있던 중부사령부 공군작전센터가 알우데이드로 옮겨왔다. 알우데이드는 임대료가 없다. 미군은 이 기지를 공짜로 쓴다. 설비를 고치고 늘리는 비용도 카타르가 낸다.

2017년 6월 사우디와 카타르의 갈등에 불이 붙었다. 사우디와 아랍에미리트연합UAE 등이 영공을 닫고 '카타르 보이콧'을 선언했다. 당시 미국 도널드 트럼프 행정부가 카타르를 압박할 지렛대로 삼은 것이 알우데이드 기지였다. 트럼프는 공개적으로 사우디 편을 들면서 알우데이드의 미군을 빼낼 수 있다고 을러댔다. 트럼프는 "우리가 (카타르를) 떠나려고 마음만 먹으면, 돈까지 내주면서 우리를 부르는 나라가 10곳은 될 것"이라고 했다.

하지만 카타르가 미군의 우산을 필요로 하듯, 미군도 카타르가 필요하다. 트럼프가 큰소리를 쳤지만 앤서니 지니 전 중부사령관이 잠시 뒤 특사로 파견돼 카타르 측에 '중동 전략에는 변화가 없음'을 알렸다. 미군은 알우데이드를 떠나기는커녕 시설을 늘리라고 요구했고, 2018년 1월 카타르 정부는 미군 주거시설 200채를 더 짓기로 했다고 발표했다. 당시 양국의 협상 내용은 공개되지 않았지만 카타르 국방장관은 미국 측과 접촉한 뒤 알우데이드를 미군의 '영구적인 기지'로 만들 계획이라고 말했다. 2019년 1월에는 미 국방부와 카타르가 알우데이드를 확장하기 위한 양해각서를 체결했다.

카타르 입장에선 특히 바다 건너 이란과의 관계가 중요하다. 카타르와 이란은 세계 최대 천연가스전을 공동소유하고 있다. 면적 9만 7,000평방킬로미터, 걸프의 거대한 천연가스전 가운데 노스필드는 카타르가, 사우스파르스는 이란이 개발한다. 이 가스전 때문에라도 두 나라는 관계를 끊을 수 없다. 카타르는 기술력이 떨어지는 이란의 천연가스 추출을 돕고 있으며, 이란을 맹비난하는 아랍의 '험한 입'에 동참한 적이 없다. 카타르와 갈등이 극심했을 때 아랍국들은 카타르 정부가 이란 혁명수비대에 돈을 댄다고 비난했다. 이란은 아랍국들의 카타르 보이콧을 비판하면서 "대화로 풀라"며 도하의 우방 편을 들었다.

알우데이드는 걸프전을 계기로 만들어졌지만 애당초 이 기지가 겨냥한 것은 이란이었다. 2000년 4월 윌리엄 코언 당시 미 국방장관은 카타르를 방문해 알우데이드의 기능을 논의하면서 '미군 항공모함이 걸프에 있지 않을 때 군사적 위기가 벌어지면' 육상에서 당장 전투기가 뜰 수 있어야 한다는 것에 의견을 모았다. 미국이 당시 상정한 '위협'이 이란이었다. 걸프에서 대양으로 나가는 길목인 호르무즈 해협은 세계에서 가장 중요한 에너지의 교차로다. 세계에서 바다를 통해 옮겨지는 원유의 3분의 1이 이곳을 통과한다. 1979년 이란 이슬람혁명 이래 호르무즈는 미국과 이란 간 대지의 부대가 되었다. 이란에게 겁을 주고 싶을 때면 미국은 알우데이드에서 과시적으로 군사훈련을 한다.

중동에서 미국의 군사기지가 늘어나기 시작한 것은 1979년 이란 혁명과 옛 소련의 아프간 점령 뒤부터다. 2023년 현재 걸프에 있는 미군은 4만 명 규모다. 미군 제5함대가 있는 바레인에 약 9,000명, 쿠웨이트에 약 1만 3,500명, 카타르에 약 8,000명이 주둔 중이다. 바레인의 칼리파 빈 살만 항구에는 미군이 중동에 보유한 유일한 연해 해군기지가 있고 쿠웨이트에는 캠프 아리피안 기지와 알리 알 살렘 공군기지가 있다. 쿠웨이트에는 미군뿐 아니라 독일군, 일본군, 한국군도 주둔 중이다. 바레인, 쿠웨이트, 카타르 세 왕국은 연간 6억 5,000만 달러에 이르는 미군 주둔비용의 약 60퍼센트를 부담하는 것으로 알려졌다. 아랍에미리트에도 약 3,500명이 배치돼 있다.

이라크에 주둔하는 미군 수는 공개되지 않았으나 『악시오스』 등의 언론은 약 2,000명 정도로 추산했다.[81] 이라크는 2021년 미국과 협상해 자국 내 미군들이 비전투적인 임무만 수행할 수 있도록 했으며 미군의 임무는 이라크 치안 유지를 돕는 것에 국한되어 있다. 이스라엘에는 공식적으로 미군이 주둔하지 않는 것으로 되어 있으나 '512기지' 등의 비밀 기지에서 미군이 레이더 정찰시스템과 탄도미사일 추적시스템을 운용한다는 소문이 있다. 이웃한 요르단에는 IS와의 전쟁 기간에 미군이 들어갔다. 요르단 내부 정서상 매우 민감한 문제임에도 불구하고, 2,900명가량이 남아 있는 것으로 알려졌다.

중동의 미군 숫자는 이스라엘과 하마스의 충돌을 계기로 더 늘어날 수 있다. 팔레스타인 지역에서 미군이 이스라엘과 군사작전을 벌일 가능성은 매우 작다 하더라도, 중동 지역에서 반미 여론이 격화되고 미군이나 미국 시설을 겨냥한 공격이 벌어질 우려가 있기 때문이다. 미 국방부는 항공모함과 전함 등을 중동 근해로 이동시킴으로써 7,500명가량의 병력을 추가 배치하는 방안을 거론했다. 아이러니한 것은, 중동 최대 미군기지가 있는 카타르에 하마스의 사실상의 사령부도 함께 들어가 있다는 사실이다. 하마스는 2012년 도하에 정치사무소를 열었으며 칼레드 마샬과 이스마일 하니예 등 핵심 지도자들이 이스라엘의 위협을 피하기 위해 주기적으로 도하에 머물러왔다.

3장

◆

중국과 중동

◆

　세계의 모든 분쟁에서 가장 큰 책임은 당사자들에게 있지만, 팔레스타인 문제는 다르다. 앞서 살펴봤듯이 탄생부터 영국이라는 강대국 덕을 본 이스라엘이 70여 년간 온갖 악행을 일삼을 수 있었던 것은 늘 편들어준 미국이 있었기 때문이다. 이 분쟁은 유독 강대국의 책임이 절대적으로 큰 분쟁이다.

　팔레스타인 문제는 이라크 침공과 함께 중동 반미 정서의 핵심 요인이자, 미국 도덕성의 치명적인 약점이다. 그런데 탈냉전과 두 차례 대테러전을 거치며 중동에서 미국의 영향력은 줄어드는 중이다. 반면에 중국은 2023년 3월 이란과 사우디의 화해를 중재해 피스 메이커로 떠올랐다. 중국이 중동에서 미국의 역할을 대신할 수 있을까. 경제적으로는 몰라도, 정치적으로는 아직 아니라는 시각이 우세하지만 분쟁과 혼란 속에 '중국 역할론'에 대한 관심은 갈수록 커지고 있다.

'중동 이니셔티브' 주창한 중국

　　중국은 당나라 때부터 아랍과 관계를 맺어왔다. 중국이 '대식大食'이라 부른 지역이 오늘날의 아랍이다. 현대에 들어와 국민당 치하의 중화민국은 1930년대 후반 중일 전쟁에서 중국 지원을 호소하기 위해 이집트, 터키, 시리아 등에 사절단을 파견했다고 한다. 그러나 1990년대 후반까지 중국과 중동·북아프리카 지역의 외교 관계는 제한적이었다. 냉전 시대 각지의 민족주의 운동을 지원했다고는 하나 공세적인 것은 아니었고, 대만을 밀어내고 각국의 공식 인정을 받는 데 집중한 편이었다. 그러다가 경제력이 커진 1990년대 후반부터 중동 국가들과의 관계를 확대했다. 덩치가 커진 2000년대에는 적극적인 글로벌 외교로 전환하면서 중동 국가들과의 관계가 더욱 심화됐다. 2002년에는 중동 특사도 신설했다.

　　중국 외교부의 2022년 12월 '새로운 시대의 중국-아랍 협력 보고서'는 "격동하는 국제 환경에 직면해 우호 관계를 발전시키고, 서로의 핵심 이익을 더욱 적극적으로 수호하도록 지원하며, 세계 평화와 발전을 촉진하고 개발도상국의 이익을 보호하는 데 중요한 역할을 하기로 했다"고 강조했다.

　　중국은 이집트, 아랍에미리트, 알제리, 이란, 사우디와의 '포괄적 전략 동반자 관계'를 비롯해 지역 강대국들과 '전략적 파트너십'을 체결했다. 지도자급 외교도 활발하다. 2021년 3월 왕이 외교부장은 사우디, 이란, 아랍에미리트, 바레인, 오만을 순방하고 '중동의 안보와 안정을 위한 5가지 이니셔티브'를 제안했다. 2022년 12월 시진핑 국가주석은 제1회 중-아랍 정상회의, 제1회 중-걸프협력회의GCC 정상회의 참석차 사우디 수도 리야드를 방문했다.

사실상 중국이 소집한 회의였고, 이때 중국은 아랍연맹 및 GCC와 중국의 대화를 정상급으로 격상시켰다. 정상회담에서는 온갖 약속들이 쏟아져나왔다. '미래를 공유하는 중국-아랍 공동체'를 구축하기로 합의했고 향후 3~5년 동안 추진할 8가지 주요 협력 이니셔티브가 제시됐다. 리야드 선언, 중-아랍 포괄적 협력 계획, 평화와 발전을 위한 중-아랍 전략적 동반자 관계 심화 등의 문서들이 줄줄이 발표됐다.

2021년 미국 추산에 따르면 50만 명의 중국인이 중동에, 100만 명의 중국인이 아프리카에 거주하는 것으로 추정된다. 중국의 무슬림 인구는 2,000만 명 이상이다. 그러나 인적교류보다 더 중요한 것은 경제 관계다.

중국은 아프리카 북부의 이집트, 리비아 등을 포함한 중동-북아프리카 지역과 2021년 기준으로 3,000억 달러어치에 이르는 상품을 교역했다. 중국은 이 지역으로부터 에너지 자원과 광물을 사들였고, 가전제품이나 첨단기계와 철강, 의약품 등을 팔았다. 중국은 일대일로 이니셔티브, 이란-중국 25년 협력 프로그램 같은 양자 협정을 통해 이 지역에서 WTO에 가입하지 못한 알제리, 이란, 이라크, 리비아, 레바논, 시리아 같은 나라들의 시장에 접근한다. 걸프 국가들과는 2004년부터 자유무역협정FTA 협상을 하고 있다.

중국의 에너지 소비량은 2000년 이후 3배 이상 늘었다. 중동과 북아프리카에서 사들이는 원유가 중국의 전체 원유수입량의 절반가량 된다. 중국은 단순한 구입을 넘어 산유국의 유전이나 가스전을 개발하고 운영하는 권한을 확보하려 애써왔다. 인프라에 투자해주는 대가로 지분을 확보할 때도 많다. 이라크에서는 중국 기업들이 서방 기업의 자산을 대거 사들이려다가 이라크 정부의 반발을 사기도 했다.

중국 정부는 또한 에너지를 구입하면서 위안화로 대금을 결제할 수 있도록 하려고 노력 중이다. 2015년 카타르가 중국의 이런 시도에 응답해 위안화 결제 시스템을 출범시켰고 2018년에는 UAE가 뒤를 이었다. 사우디도 2022년 3월 중국에 판매하는 원유 대금 일부를 위안화로 받기 위해 중국 정부와 협의를 시작했다고 발표했다. 시진핑 주석은 그해 말 리야드를 방문한 자리에서 중국 국영 상품거래소인 상하이 석유가스거래소를 통해 에너지 상품이 오가도록 권장하겠다고 말했다.

현재 중동과 북아프리카의 모든 국가가 공식적으로 일대일로에 참여하고 있거나 참여를 약속한 상태다. 혹독한 내전을 치른 시리아가 가장 최근인 2022년 1월에 일대일로 이니셔티브에 합류했다. 일대일로 명목으로 중국이 자금을 댄 인프라 프로젝트 중에는 이집트 수에즈 경제무역협력구, 아부다비 칼리파항 공업지구 안의 중국-UAE 산업역량 협력 시범구, 오만의 두큼 경제특구 등 지역 내 주요 항만과 공업지구 개발 프로젝트들이 포함돼 있다.

중국의 중동 투자는 대부분 에너지와 건설 프로젝트에 집중되어 있지만, 갈수록 첨단기술 분야의 진출이 늘고 있다. 화웨이와 알리바바 같은 기업은 사우디, 바레인, 이라크, 이란, 이집트에서 인공

지능이나 데이터 기술 분야의 협력을 확대하는 중이다.

중국이 중동에 투자하는 것처럼, 걸프 산유국들도 중국에 투자한다. 미 의회조사국 2023년 보고서에 따르면 UAE의 무바달라 국부펀드는 중국개발은행 등과 100억 달러 규모의 투자 파트너십을 맺고 중국에 70건 이상의 투자를 했다. 사우디 국부펀드인 공공투자펀드PIF도 2021년 중국에 투자자 지위를 승인해줄 것은 신청한 이래 투자를 조금씩 늘려가고 있다. 카타르 국부펀드와 국영기업은 중국 국제신탁투자공사그룹과 함께 중국 내 포트폴리오를 구성하고 있다.[82]

중국 무기 사들이는 중동, 긴장하는 미국

중국과 중동의 협력이 경제에 집중돼 있는 것은 사실이지만 몇 년 사이에 부쩍 늘어난 군사협력도 눈길을 끈다. 중국산 무기가 이 지역으로 향하고 있는 것이다.

이스라엘, 이집트, 사우디, UAE, 카타르 능 전략석으로 중요한 역내 국가들은 미국의 주요 안보 파트너다. 그러나 이들을 포함한 지역 내 대부분 국가들은 미국 의존도를 낮추기 위해 안보와 무기조달에서 다변화를 추구해왔다. 사우디와 중국은 2017년부터 무인항공시스템UAS을 공동개발하기 위한 여러 협약을 발표했다. 알제리, 사우디, 이라크, 이집트 등은 중국산 무기를 살 뿐 아니라 인민해방군과 합동훈련도 하고 있다.

중국의 무기를 사는 것은 국가들만이 아니다. 미국은 중동의 비국가 행위자들, 즉 무장조직들이 중국으로부터 군사기술을 얻거나 무기를 사고 있다며 줄곧 볼멘소리를 내왔다. 2022년 8월 미 국무부는 이란과 연계된 무장 단체가 사용하는 드론 중 상당수가 중국산이라면서 "중국 정부가 무기를 제공한 것은 아니지만, 이러한 흐름을 줄이려고도 하지 않는다"고 비판했다.

아직까지는 중동에 무기를 많이 파는 나라는 미국과 러시아, 유럽국들이며 중국의 판매량은 상대적으로 적다. 그러나 서방 측은 자신들이 중동 국가들에 판매를 꺼리는 탄도미사일 시스템이나 공격용 드론 시스템 등 첨단기술을 중국이 내주고 있다고 주장한다. 사우디는 중국으로부터 탄도미사일 시스템을 도입한 것으로 알려졌으며, 2017년에는 카타르가 중국산 공격 로켓과 미사일 시스템 장비를 공개했다.

중국이 아직 중동 일대에서 군사 활동에 들어간 적은 없지만, '야심'을 아예 보이지 않은 것은 아니다. 앞서 아프간의 와한 회랑에 만들어진 중국의 '두 번째 해외 군사기지'를 얘기했는데, 공식적으로 중국이 해외에 보유한 유일한 기지는 동아프리카의 지부티에 있다. 지부티는 홍해를 사이에 두고 아라비아반도와 마주한 작은 나라로, 소말리아와 인접해 있다. 2017년 중국은 이곳에 기지를 설치했다. 미군 기지와 멀리 떨어지지 않은 곳에 중국 시설이 떡하니 들어선 것이다. 소말리아 해적 소탕 작전에 참여해온 중국은 '해군 지원 시설'이라고 했지만 미국은 지부티 중국 기지에 항모나 대형 전함이 정박할 수도 있다고 본다.

미국은 중국이 UAE도 군사기지 후보지로 점찍어온 것으로 의

심한다. 2021년 11월 조 바이든 정부는 중국 국영기업 코스코쉬핑이 아부다비의 주요 컨테이너 항구인 칼리파항에 군사시설을 지으려 한다면서 이 계약을 막기 위해 아부다비와의 F-35 전투기 인도 협상을 중단하기도 했다. UAE는 마지못해 중국의 칼리파항 투자를 막았지만 화웨이와의 협력이나 중국산 훈련기 구매는 예정대로 추진한다고 발표했다.

물론 아직 중동에서 중국의 군사적 존재는 제한적이다. 그러나 중국이 원유와 가스 외에도 이 지역에서 얻는 것은 많다. 위구르족 인권 문제, 홍콩 보안법 등 민감한 사안에서 중동 국가들이 중국 정부 입장을 지지하고 있는 것이다. 또 미국이 경계하는 화웨이 통신기술 등을 중동에 배치함으로써 중국은 미국의 따돌림을 회피할 수 있다. 잠재적으로 이 지역 인프라에 대한 투자와 역내 파트너십은 중국의 글로벌 전략에서 중요한 지렛대가 될 것이 분명하다. 중국이 군사기지를 만들지 않더라도, 중동의 항구를 짓고 운영할 권한을 얻게 되면 미국이 만일의 경우 역내에서 작전을 수행할 때 해당 국가나 중국의 눈치를 보지 않을 수 없다.

이란과 사우디를 손잡게 한 왕이

2023년 3월 오랜 앙숙이던 이란과 사우디가 외교 관계를 회복하기로 합의했다. 두 나라 대표단이 만나 합의문에 서명했지만 세계의 시선은 두 대표를 양옆에 대동하고 중재자로서의 위상을 과시한 왕이 중국 외교부장에게 쏠렸다.

그동안 경제 관계에 치중해온 중국이 중동에서 정치적 영향력을 키울 것임을 보여준 신호탄일까. 중동 지역 외교에 지각변동이 일어나고 있는 것일까. 해석이 분분했다. 중국이 보폭을 넓히고 있는 것은 확실하지만, 실상 이 사건은 중국의 성과인 동시에 미국의 외교 실패로도 볼 수 있다. 미국의 요청으로 이라크와 오만이 중재자가 돼 2021년과 2022년 이란과 사우디 간의 회담이 이어졌으나 결정적인 중재 공로는 중국에 돌아갔기 때문이다.

2023년 초 중국은 이스라엘-팔레스타인 분쟁의 중재자로 나설 뜻을 비쳤고, 이란-사우디 합의가 나오기 직전인 2월에는 "대화와 협의를 통해 국가 간 이견과 분쟁을 평화적으로 해결"하기 위한 글로벌 안보 이니셔티브를 주창했다. 미국, 영국, 인도, 일본 등이 줄줄이 이스라엘과 하마스를 비난할 때 중국은 "관련 당사자들은 침착함을 유지하고 즉각 적대 행위를 중단하라"고 촉구했을 뿐이다. 비판이 일자 민간인 살상을 규탄하기는 했지만 하마스를 명시하지는 않았다. 중국인들이 희생됐는데도 하마스의 공격을 '테러'라 부르지 않았다. 왕이 중국 외교부장은 사우디 외무장관과 통화하면서 이스라엘의 행동이 자위권 범위를 넘어섰다고 했다. 스스로를 "팔레스타인과 이스라엘 모두의 친구"라고 주장해온 중국은 갈등을 중재한다며 카타르에 특사도 보냈다.

중국의 특사가 이스라엘과 하마스의 전쟁을 끝내기는 힘들다. 그러나 중동에서 가장 큰 권력 브로커였던 미국의 영향력이 약화되는 시점에 중국이 나서기 시작했다는 점이 중요하다. 이란 핵 합의를 손바닥 뒤집듯 뒤집은 도널드 트럼프 정부의 막무가내 행보, 이라크·아프간 전쟁과 혼란스런 철수 등으로 미국의 역내 신뢰도는 추락했다. 미국 내에서도 '세계 경찰' 역할에 대한 거부감이 커진 상황이다.

그렇다면 중국이 미국을 대체할 수 있을까. 전문가들의 대답은 '아니다' 쪽에 압도적으로 힘이 실려 있다. 중국은 아직 미국을 대체할 능력을 갖추지 못했으며 아직 그 책임을 맡고 싶어하지 않는 것으로 보인다. 이란의 한 전문가는 알자지라 방송 인터뷰에서 중국의 목표를 세 가지로 분석했다. "에너지의 자유로운 흐름을 보장하는 동시에 중국 입장에선 가장 적은 비용을 들이면서 책임 있는 국제적 플레이어로서 위상을 높이는 것".[83] 지금으로선 원유와 천연가스를 안정적으로 확보하는 것에 초점이 맞춰져 있고, 돈 안 들이고 목소리를 키우는 선에 그치려 한다는 얘기다.

중국의 영향력은 적어도 지금까지는 경제적 밀착 관계를 바탕으로 해왔다. 중국은 스스로를 미국처럼 편향적이거나 공격적이지 않은 '선량한 강대국'으로 내세운다. 그게 가능한 것은 그간 정치와 인권 등에서 중동 국가의 국내 문제에 불간섭 정책을 펴왔고, 미국과 이스라엘의 긴밀한 관계처럼 특정 국가와 연관되어 있지 않으며, 중동에서 군사 행동 즉 전쟁이나 제재 같은 징벌적 조치를 취한 전력이 없어서다. 중동 국가들이 중국에 우호적인 것은 이 때문이다.

하지만 이런 위상으로 정치적 영향력을 어느 정도나 키울 수 있을까? 안전보장 협정은 '동맹국이 공격을 받으면 우리가 군사력으로 도와주겠다'는 약속이다. 미국은 중동에 여러 군사기지를 두고 수만 명을 주둔시키고 있으나, 중국은 역내에 기지도 없고 파견할

항모도 없다. 안보 제공자 역할을 꺼리면 장기적으로 중국의 협상 능력이 제한될 수밖에 없다.

중국은 이란과 사우디 사이를 중재하면서 두 나라의 경제적 이 해관계를 지렛대로 삼았다. 공동성명에 왕이 외교부장과 이란, 사우 디 대표가 서명했으나 합의를 위반할 경우 어떻게 대응할 것인지는 명시하지 않았다. 중국이 이들에게 들이밀 수 있는 당근과 채찍은 불확실하다. 이란-사우디 관계 정상화가 제대로 되지 않으면 중국 의 성공도 빛이 바랠 것이 뻔하다. 이 성과를 바탕으로 이스라엘-하 마스 전쟁에서도 중재자로 나서고 싶어하지만, 중국에 이를 뒷받침 할 경제적 지렛대조차 없다. 중국이 중동의 핵심 플레이어가 되기까 지는 아직은 오랜 시간이 걸릴 것으로 보인다.

6부

전쟁을 막을 수는 없을까

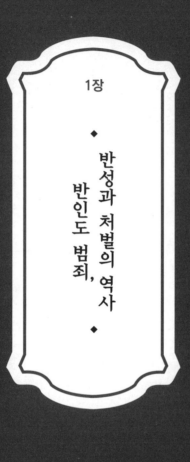

1장

◆

반성과 처벌의 역사
반인도 범죄,

◆

이스라엘군이 2023년 10월 팔레스타인 가자지구에서 전쟁을 벌이더니, 레바논 남부 무장 정파 헤즈볼라를 공격한다면서 전선을 넓혔다. 국제앰네스티는 이스라엘이 레바논 남부에서 백린탄이 포함된 포탄을 불법적으로 사용했다는 증거를 공개했다.

백린은 주로 연막탄으로 쓰이는데, 대기 중에서 고온에 노출되면 연소한다. 백린탄이 사람에게 쓰이면 끔찍한 일이 벌어진다. 사람의 피부에 묻은 상태에서 불이 붙으면 물을 끼얹어도 끌 수 없어 살이 계속 타들어 간다. 끔찍한 고통과 상처를 안기는 백린탄이 전쟁에서 민간인에게 사용된 최근 사례들은 거의 이스라엘이 저지른 행위였는데 이 전쟁에서도 반복됐다.

국제앰네스티가 확보한 것은 레바논의 다이라라는 도시에서 이스라엘군이 최소한 4차례 백린탄 공격을 저질렀음을 보여주는 영상들이었다. "악취와 거대한 구름이 마을을 뒤덮어 5~6미터 앞도 볼 수 없었다. 허둥지둥 도망쳤던 사람들이 돌아왔을 때 이틀이 지났는데도 집은 여전히 불타고 있었다." 현지 주민들과 보안 책임자에 따르면 10월 16일의 공격 뒤 며칠 동안 질식 증세로 병원에 입원한 이들도 있었다. 국제앰네스티는 "민간인을 다치게 한 다이라 공격은 무차별적이고 불법적이었다"며 "전쟁범죄로 조사해야 한다"고 주장했다.[84]

국제앰네스티의 폭로가 나오기 이틀 전, 국제형사재판소ICC의 카림 칸 검사는 이집트 수도 카이로에서 기자회견을 했다. 칸 검사는 민간인들이 식량과 의약품을 확보할 수 있도록 이스라엘이 "눈에 띄는 노력"을 해야 한다고 했다. 이스라엘이 가자를 봉쇄해 주민들이 식량과 의약품이 모자라 아우성치고 있었다. 10월 7일 하마스가 이스라엘을 공격하자마자 이스라엘은 가자지구의 전기와 수도, 식량 공급을 차단했다. 국제구호단체 옥스팜의 표현을 빌면 이스라엘은 "굶주림을 전쟁 무기로 사용"하고 있었던 것이다.

회견에 앞서 칸 검사는 소셜미디어에 동영상 성명을 올리면서 이스라엘에 로마 규약에 따른 '형사 책임'을 질 수도 있다고 경고했다. "주민들은 죄가 없으며 인도주의에 관한 국제법에 따른 권리를 갖고 있다." 칸은 이번 가자 공격뿐 아니라 '2014년 이스라엘이 가자지구와 요르단강 서안에서 저지른 범죄'에 대해서도 "적극적으로 조사하고 있다"고 말했다. 이스라엘 민간인 1,400명을 숨지게 한 하마스 역시 ICC의 조사 대상이다.[85]

전쟁범죄 처벌의 출발점이 된 뉘른베르크

러시아의 우크라이나 침공에 이어 이스라엘과 팔레스타인의 전쟁이 벌어지면서 세계는 비극으로 치닫고 있는 듯하다. 공습을 당해 무너진 건물, 숨지고 다치는 사람들, 전기와 수도가 끊기고 먹을 것과 약품이 모자라 숨져가는 아이들의 모습이 연일 미디어를 장식한다. 전쟁 없는 세계는 정말 불가능한 것일까. 온 인류가 힘을 합쳐 전쟁을 막아보자고 하면 비현실적인 이야기라고들 할 것이다. 하지만 전쟁에서 민간인 피해를 최소화하자, 핵무기나 화학무기 같은 대량살상무기는 쓰지 못하게 하자, 이런 식으로 전쟁에서 용납할 수 없는 행위들을 목록으로 만들어 어떻게든 제한을 가해보자고 하면 어느 정도는 현실적이고 설득력 있는 이야기로 들릴 것이다.

인류 역사상 전쟁이 없었던 시대는 없었다. 하지만 지금 세계 인구 80억 명 가운데 대부분은 전쟁 없이 살아가고 있다. 평생 한 차례의 전쟁도 경험해 보지 않은 사람이 세계에는 더 많다. 전쟁의 참상을 겪고 있는 이들이 여전히 있고 그런 분쟁에 관심을 기울여야 하는 것이 분명하지만, 전쟁이 세계 전체를 휘감고 있는 것은 아니라는 이야기다. "전쟁은 못 막는다"고 말하는 사람들이 있지만, 국가나 집단 간에 갈등이 생겼을 때 전쟁까지 가지 않고 해결하거나 봉합한 사례들이 훨씬 더 많다. 마찬가지로, 전쟁 자체가 무엇보다 참혹한 역사적 사건이지만 그래도 조금이나마 덜 참혹하게 만들 수 있다.

전쟁포로를 고문하고 죽이고 강제노동을 시키지 못하게 국제

1. 반인도 범죄, 반성과 처벌의 역사

뉘른베르크 재판

법으로 규정하고, 사람의 신체에 끔찍한 고통을 지속시키는 무기를 쓰거나 민간인들을 대량 학살하면 국제사회가 제재를 하는 식으로 룰을 만드는 목적이 바로 전쟁을 덜 참혹하게 만드는 것이다. 유엔에서 통과된 각종 조약과 국제법들, 유엔의 결의안 등등은 그런 룰을 표현한 틀이다. 따지고 보면 제2차 세계대전 이후 창설된 유엔 자체가 끔찍한 반인도 범죄나 대규모 전쟁을 막기 위한 기구이기도 하다. 사람의 신체를 훼손하는 형벌이 대부분의 나라에서 사라졌듯이, 전쟁도 '덜 잔인하게' 만들 수 있다는 것이 국제 시스템의 낙관론자들의 믿음이다.

지켜지지 않는 경우들이 물론 많다. 시리아에서 정부군이 화학무기를 쓴 것이나 이스라엘의 백린탄 공격과 민간인 거주지역 봉쇄, 러시아의 우크라이나 민간 지역 공격, 제네바 협약 등에서 금하고 있는 병원 같은 보건의료시설을 공습한 사례들이 그런 예다. 조금 더 거슬러 올라가면 미국이 대테러 전쟁을 벌이면서 쿠바의 관타나모 기지에 수용소를 만들어 불법적으로 '테러 용의자'라 지목한 사람들을 구금한 것, 극단조직 이슬람국가IS가 시리아의 문화유적들을 파괴한 일도 비슷한 경우다.

그러나 국제적인 룰이 없을 때와 비교해보면, 대부분 국가는 규칙을 지키려고 애를 쓴다. 국제 제재를 받을 수 있고, 세계 여론의 반발에 부딪쳐 장기적으로 불이익을 입을 수 있기 때문이다. 또한 민주주의 국가에서는 국내 여론이 자기네 정부의 '너무 잔혹한 행위'에 고개를 젓는 경우도 많다. 강제적으로 룰을 지키게 하기는 어렵다 하더라도, '지탄을 받는다'는 것이 갖는 함의가 적지 않다. 국제사회의 손가락질이 갖는 힘이 생각보다 꽤 클 수 있다는 뜻이다. 남아프리카공화국의 백인 정권이 무너진 것도 결국은 세계의 손가락질 때문이었다. 거리로 나가 세계 시민들이 항의하고 시위해서 각국 정부와 기업들 움직일 수 있으며 그 힘은 시민 개개인이 생각하는 것보다 훨씬 크다.

제네바 협약 등 국제적인 약속으로 '금지했다'라는 것은 반인도적인 전쟁범죄를 처벌하는 기준이 된다. 다 죽고 나서 처벌이 무슨 의미냐 싶을 수도 있지만, 모든 형벌이 그런 것 아닌가. 어떠어떠한 행위는 나쁘다는, 해선 안 될 짓이라는 메시지를 사회에 전하는 목적 말이다.

1. 반인도 범죄, 반성과 처벌의 역사

대량학살, 의도적인 민간인 살상, 전시 성폭행과 전쟁포로 학대 및 처형, 민간인 지역과 보건의료·교육 시설 등 인프라 파괴. 이런 것들을 가리켜 흔히들 반인도 범죄라 부른다. '전쟁범죄'보다 조금 더 포괄적인 개념이다. 잘 알려진 대로 전쟁범죄를 국제사회가 재판 형식으로 법정에서 다루기 시작한 것은 제2차 세계대전 직후로 거슬러 올라간다. 유럽에서 나치 전범들을 처벌하기 위해 열렸던 '뉘른베르크 재판'과 미국이 일본을 징벌한 극동군사재판(도쿄재판)이 출발점이었다.

그전에도 유럽에 전쟁범죄 관련 법률이 있기는 했지만 전쟁을 일으켜 타국에 끼친 경제적 손실에 대해 배상을 요구하는 성격이 컸다. 제2차 세계대전 뒤 한 국가 혹은 여러 국가에서 특정 집단에 대해 체계적·조직적으로 자행된 대량학살을 다룰 새로운 국제법이 필요하다는 인식이 생겼고, 1945년 8월 뉘른베르크 국제군사재판소의 활동 근거가 된 런던 헌장에 '반인도주의 범죄'라는 새로운 법적 범주가 만들어짐으로써 전쟁범죄의 개념이 넓어졌다. 당시 또 하나 덧붙여진 개념은 '반평화 범죄'로, 전쟁을 계획하고 일으킨 행위 자체를 범죄로 다루자는 것이었다.

그럼에도 뉘른베르크 재판에서는 나치 독일이 저지른 유대인 학살 자체는 문제시하지 않았다. 홀로코스트가 이슈가 된 것은 1948년 이스라엘이 건국되고 학살자들을 추적하는 과정에서였다. 다른 모든 개념처럼, 범죄에 대한 인식도 시대와 함께 진화한다.

뉘른베르크 재판은 군사재판이었지만 국제법정의 틀 안에서 진행됐다. 프랑스, 영국을 비롯해 독일 침공의 '피해자'들이 대거 참여했다. 재판부는 소련 2명, 영국 2명, 미국 3명, 프랑스 2명의 재판관으로 구성됐고 1년 정도 재판이 진행됐다. 반면 1946년 시작된 도쿄 전범재판은 승전국 미국이 패전국 일본을 처벌하는 자리였으며 한국, 중국을 비롯해 일본 제국주의의 피해를 입은 당사자들은 전혀 발언권이 없었다. 그래서 일본에서는 '이긴 자의 심판'이라는 인식이 많이 남아 있는 게 사실이다. 이 첫 단추가 잘못 꿰인 까닭에 일본은 전쟁에 대한 평가와 잘못된 행위에 대한 반성이라는 역사의 출발점을 정비하지 못했고, 결국 과거사를 대하는 일본의 태도를 왜곡시킨 이유 중 하나가 됐다.

범죄에 대한 인식도 진화한다

두 전범 재판에 대해서는 비판도 적지 않지만, 양차 대전의 참상을 반복하지 않기 위한 작업이 시작됐다는 점에서 의미가 크다. 이후 유엔을 중심으로 세계는 전쟁범죄, 인간의 보편적 권리를 보장하는 인도적 원칙에 위반된 '반인도 범죄'의 개념을 가다듬고 가해자들을 처벌하기 위한 틀을 만들어왔다.

반인도 범죄라는 용어가 언제 어디서 시작됐는지는 분명하지 않다. 일부 학자들은 18세기 말부터 19세기 초 사이에 노예제도와 노예무역을 비판하는 이들에게서 비롯됐다고 말한다. 악명 높은 벨기에의 레오폴드 2세가 콩고(오늘날의 콩고민주공화국)에서 저지른 잔학행위를 설명하는 데 쓰였다는 얘기도 있다. 1915년 오스만 투르크 제국이 아르메니아인들을 대량학살했을 때 유럽 국가들이

　　　　　　　　1. 반인도 범죄, 반성과 처벌의 역사

이를 비난하려고 이 용어를 사용했다는 학자들도 있다.

이후 반인도 범죄의 개념은 국제 관습법과 여러 국제법원의 재판들을 거치며 발전해 왔다. 가장 명확한 기준이 되는 것은 국제형사재판소를 설립하기 위해 1998년 채택된 로마 규약이다.[86] 규약에 따르면 '민간인을 대상으로 한 광범위하고 조직적인 공격'으로 살인 및 학살, 노예화, 강제 추방이나 강제 이송, 투옥과 고문, 성폭행과 강제 임신, 강제 불임시술 등을 저지르는 것이 반인도 범죄에 해당된다. 인종이나 민족 혹은 문화적 · 종교적인 이유로 특정 집단을 박해하는 것이나 인종 분리도 포함된다.

뉘른베르크 재판과 도쿄 재판 이후 세계 여러 곳에서 반인도 범죄 재판이 열렸다. 대개는 국가 간 전쟁이 아니라 한 국가나 지역 안에서 벌어진 내전과 관련된 것들이었는데 형태는 말 그대로 '케바케 case by case'였다. 1990년대 벌어진 옛 유고슬라비아연방 내전의 경우 유엔 산하에 구유고연방전범재판소ICTY가 설치됐다.[87] 당시 유고연방이 해체되면서 여러 민족집단이 내전을 벌였고 제각기 독립국가를 형성했다. 먼저 슬로베니아와 크로아티아가 떨어져 나갔고, 북마케도니아는 처음으로 독립국을 만들었다. 내전 과정에서 크로아티아와 유고연방에 잠시 잔존했던 세력들 간에 유혈 분쟁이 벌어졌다. '제노사이드' 즉 민족 말살로 볼 수 있는 학살이 본격화된 것은 세르비아와 몬테네그로, 보스니아-헤르체고비나가 얽혀들면서다. 주로 세르비아계가 보스니아계 무슬림을 학살했지만 크로아티아도 학살에 연루됐다.

이처럼 '당사자'가 많은 내전이었던지라 재판소는 관련국이 아닌 네덜란드 헤이그에 설치됐다. 잔혹한 전쟁범죄들이 분명 일어났는데, 그 뒤에 나라들이 제각기 갈라져 버렸으니 책임 소재가 복잡하고 독립국들의 이해관계에 영향을 받지 않을 수 없었다. 가장 대표적인 전쟁범죄자는 유고연방의 마지막 대통령이던 슬로보단 밀로셰비치, 유고연방 내 스릅스카(세르비아) 공화국의 대통령이던 라도반 카라지치 같이 조직적·의도적으로 세르비아 민족주의를 부추기고 학살을 선동한 자들이었다. 그러나 내전 뒤 독립국이 된 세르비아에서는 이런 범죄자들을 옹호하려는 분위기가 적지 않았으며 이 때문에 카라지치는 13년 동안이나 체포를 피할 수 있었다. 카라지치가 붙잡힌 것은 2008년의 일이었다.

그들은 어떤 처벌을 받았을까. 유고 전범재판의 가장 큰 문제점은 시간이 너무 오래 걸렸다는 점이다. 밀로셰비치는 2006년 재판 중에 병으로 사망하는 바람에 결국 단죄받지 않았다. 카라지치는 종신형을 선고받았으나 항소를 했고, 2019년에야 종신형이 확정됐다.

역사와 대면하는 어려운 길을 택한 르완다의 사례는 한번 들여다볼 만하다. 동아프리카의 르완다에서는 1994년 내전이 벌어져 200만 명 가까이 목숨을 잃었다.[88] 그해 곧바로 유엔 안보리가 국제법정 설치 결의안을 채택했다. 이듬해 르완다 옆 탄자니아의 수도 아루샤에 국제재판소[89]가 만들어졌으며 국제법과 르완다 법에 따라 재판이 진행됐다. 르완다 국민뿐 아니라 르완다 밖에 나가 있던 르완다인들, 또 주변 부룬디나 우간다의 후투족, 투치족 등도 일부 관련돼 있기 때문이다. 이 법정은 2015년까지 활동하다 종료됐다. 일부 범죄자들은 국제법정에서 처벌받았고, 일부는 르완다 국내 재판소로 이관됐다.

르완다 입장에서 보면 내전 이후 가장 큰 문제는 가해자가 특정 정치세력이 아니라 '서로서로'였다는 것이었다. 한 마을에 섞여 살던 후투족이 투치족을 학살하고, 그에 대해 투치족이 보복을 하는 식이었기 때문이다. 대부분 후투족이 가해자이긴 했지만 인구의 다수가 후투족인 것도 사실이다. 전쟁범죄를 처벌하고 청산하는 것이 쉬울 리 없었다. 그러나 르완다는 마을마다 일종의 과거사 청산위원회를 만들어서, 잔혹한 범죄와 대면하는 길고 어려운 과정을 결국 겪어냈다. 르완다를 국제사회가 아주 높게 평가하는 이유 중 하나다.

캄보디아는 유엔의 지원 속에 1970년대 크메르루주가 저지른 이른바 '킬링필드' 학살에 대해 재판을 하고 있다. 이 재판 역시 너무 오래 진행되고 있다는 게 문제다. 지금도 잊을 만하면 한 번씩 당시 학살자의 판결이 보도되지만, 형을 선고받은 자들은 이미 '천수를 누렸다'할 정도의 고령이다.

1990~2000년대에 일어난 서아프리카 내전에는 시에라리온과 라이베리아의 여러 군벌이 관련돼 있다. 당시 사건들에 대한 재판은 유엔과 유럽연합 등이 지원했다. 라이베리아의 전범 찰스 테일러 전 대통령은 체포돼 시에라리온의 특별교도소에 수감됐으나 잔당들이 정국을 불안하게 만들 가능성이 있고 탈옥마저 우려됨에 따라 헤이그로 옮겨졌다. 2012년 징역 50년형을 선고받아 복역하면서 처우를 개선해달라는 소송을 내기도 했다. 이처럼 단죄까지 시일이 오래 걸린 유고연방 재판과 킬링필드 재판, 서아프리카 내전 재판은 '지연된 정의'가 과연 정의인가 하는 물음이 나오게 만들었다.

유엔이 관여한 국제법정은 사형을 허용하지 않는다. 학살자를 처형하고 싶어 하는, 혹은 처형하지 않으면 혼란이 올까 걱정하는 쪽에서는 이 때문에 국제법정을 꺼린다는 시각도 있다. 이라크의 사담 후세인은 최악의 독재자였고 자국민을 학살했다. 미국의 침공으로 그가 축출된 뒤 수립된 이라크 민선 정부는 특별군사법정을 만들었다. 사담의 여러 죄상 중에 '두자일 마을 학살'이 있었다. 사담 암살 음모에 가담했다는 이유로 두자일이라는 마을의 시아파 주민 148명을 한꺼번에 처형한 사건인데, 사담이 직접 학살을 지시했음을 보여주는 증거가 있었다.

군사법정은 이 명백한 학살 범죄 한 건을 가지고 재판을 진행했다. 당시 서방의 유명한 법률가들이 "최악의 학살자에게도 공정한 재판을 받을 기회는 보장해줘야 한다"며 변호에 나서서 논란이 벌어졌다. 그러나 이라크 정부는 자국 내에서 벌어진 반인도 범죄에 대해 자신들이 처벌하는 길을 택했다. 외국인들, 특히 전쟁을 일으킨 미국이 관여하게 하면 이라크인들의 반감을 부추길 것이 뻔했고, 또 사담의 잔당들이 계속 저항을 하던 상황이었기에 그를 살려둘 수 없다고 판단한 것으로 풀이됐다. 재판은 단심제였으며 초고속으로 끝나, 독재자는 2005년 마지막 날 처형됐다.

전범 재판의 상설화, 로마 규약과 ICC

로마 규약은 르완다 내전과 옛 유고연방 내전 뒤 국제사회에서 반인도 범죄를 심판해야 한다는 인식이 커지면서 생겨났다. '그때그

때 다른' 재판들의 국제적인 공통 기준을 만들고 공통 기관을 설립하자는 뜻도 있었다. 로마 규약에 따라 2002년 헤이그에 국제형사재판소가 만들어져 본격 활동을 시작했다. 2023년 현재까지 이 조약에 한국을 포함해 123개국이 서명했다.

ICC[90]에 사건이 접수되면 검사실에서 사전 검토를 한 뒤 '공식 수사 착수' 단계에 들어간다. 이 단계부터 사실상 ICC에 회부된 것으로 본다. 검사가 기소를 하면 ICC 법정으로 넘어간다. 사전심판부에서 정식 재판에 부칠 것인지를 검토하고, 결정이 되면 1심 재판부에서 재판을 맡는다. 분쟁 당사자들에게 적용되는 국제 인도법IHL이나 무력충돌에 관한 국제법은 하나의 성문법으로 정해져 있는 것은 아니지만 1949년의 제네바 협약과 그에 딸린 의정서들이 일종의 법전 역할을 한다.

2023년까지 재판이 종료된 것은 31건, 진행 중인 것이 5건이며 수사 단계에서 10여 년씩 끌고 있는 사건들도 적지 않다. 기소된 사람들 중에는 수단의 옛 독재자와 우간다 반군 지도자, 코트디부아르의 전 대통령, 콩고민주공화국의 전 부통령 등이 눈에 띈다. 사전 조사나 공식 조사 단계인 사건 중에는 미얀마나 아프가니스탄, 이라크, 팔레스타인, 콜롬비아 사건도 있지만 기소된 사람들은 대부분 아프리카인이다. 아프리카 이외 지역에서 공식 기소된 인물은 조지아인 3명과 우크라이나 전쟁 뒤 회부된 푸틴 대통령 등 러시아인 2명뿐이다. 이 때문에 아프리카 국가들은 '아프리카 재판소', 혹은 힘없는 이들만 처벌하는 '하이에나 재판소'라 비판하기도 한다. 아프리카연합AU은 아프리카 국가 지도자들에 대한 ICC의 출두명령을 공식 거부한다는 성명을 수차례 내기도 했다.

ICC의 의미가 큼에도 불구하고 비판들에 힘이 실리는 것은 강대국들이나 반인도 범죄 혐의를 받는 국가들이 로마 규약을 거부하고 있기 때문이다. 미국은 로마 규약에 서명했다가 철회했다. 미국 트럼프 행정부는 ICC를 제재할 수 있도록 한 행정명령에 서명하기까지 했다. 러시아, 중국, 인도는 서명도 하지 않았다. 이스라엘도 마찬가지다. ICC의 결정이 석연찮을 때도 있었다. 2009년 이스라엘이 가자지구로 가는 구호 선박을 공격해 터키인 등 9명을 숨지게 한 사건이 있었다. 민간 구호 선박을 공격한 명백한 국제법 위반 행위였다. 그러나 ICC는 "반인도 범죄에 해당되지 않는다"는 결정을 내려 이슬람권 국가들의 반발을 샀다. 또한 명백한 반인도 범죄라도 당사국이 국제재판을 선호하지 않으면 ICC에 회부되지 않는다. 리비아에서는 내전 뒤 세워진 정부가 무아마르 카다피를 ICC에 회부하는 것에 반대했고, 카다피를 체포한 뒤 즉결처형해 사막에 묻었다.

다시 이스라엘 이야기로 돌아가 보자. 팔레스타인은 2015년 로마 규약 가입국이 됐다. 하마스의 경우는 기소되지 않았어도 이미 미국과 유럽이 테러조직으로 지정해서 지도부를 제재하고 있다. 반면 이스라엘은 규약에 가입하지 않았고 줄곧 국제형사재판소의 관할권을 거부해왔다. 미국과 유럽도 이스라엘에는 면죄부를 줘왔다. 팔레스타인의 요청에 따라 ICC가 2014년 이스라엘의 가자지구 공격, 요르단강 서안과 동예루살렘의 불법 정착촌 건설을 조사했을 때 이스라엘은 로마 규약 가입국이 아니라며 "ICC의 권한이 적용되지 않는다"고 주장했다. 미국도 "이스라엘은 ICC의 당사국이 아니며"

"팔레스타인은 주권 국가로서의 자격이 없다"는 이유로 조사에 반대했다. 그러자 당시 ICC 검사였던 파투 벤수다는 법정에 관할권 문제에 대한 판결을 요청했고, 서안과 가자와 이스라엘에 점령된 동예루살렘에 대해 ICC가 관할권을 가지고 있다는 결정을 받아냈다. 파투 벤수다는 소아프리카 소국 감비아의 변호사 출신으로 여성 권익 옹호 등 인권 활동에 앞장선 인물이다. 이후 벤수다는 5년간의 예비 조사 뒤 정식 조사에 착수했다.[91] 2020년 트럼프 미국 대통령은 이 문제를 들어 벤수다의 미국 비자를 취소하고 금융 제재까지 했다. 이듬해 6월 벤수다가 퇴임한 뒤 ICC는 이 사건에 대한 조사를 중단했다. 이 때문에 영국, 프랑스, 독일을 비롯해 67개국이 "재판소에 대한 변함없는 지지"를 표명하는 성명을 발표하며 미국에 맞선 일도 있었다.

2023년 가자에서 다시 전쟁이 일어나자 남아공과 스위스, 리히텐슈타인 등 몇몇 나라들이 공식적으로 ICC의 개입을 요청했다. ICC는 이스라엘과 하마스 양측의 범죄를 보여주는 증거들이 있다며 기소 의지를 보이고 있다. 과연 이스라엘에 책임을 물을 수 있을까?

이스라엘이 거부하더라도, 로마 규약은 회원국 또는 회원국 국민이 자국 영토에서 저지른 범죄 혐의에 대해 해당국 사법당국이 "조사할 의사가 없거나 할 수 없는" 경우에 ICC에 조사할 권한을 부여하고 있다. 이스라엘 정치지도자나 군 지도부를 ICC에서 수사하고 기소한들, 법정에 출두하도록 강제할 수는 없다. 그럼에도 엄청난 압박이 되고 행동에 제약이 올 것은 분명하다. 이스라엘군 지도부와 정치인들은 로마 규약 가입국을 방문할 때 체포될 위험을 감수해야만 한다. 이스라엘은 국제기구에서 미국의 보호에 의존해왔으나, ICC에 대한 미국의 영향력은 제한적이다. 미국 자체가 가입국이 아니기 때문이다. 영국 『가디언』은 유럽국들 역시 우크라이나 전쟁과 관련해 ICC에 강력한 수사와 기소를 요구해왔기 때문에, 미국이 이스라엘을 옹호하려면 논리적 모순에 빠지게 된다는 점을 지적했다.

이스라엘을 상대로 칼을 빼들면서 ICC는 국제사회 앞에서 '정의'의 기준을 보여줘야 하는 위치에 섰다. 여러 문제가 있다 해도 반인도 범죄에 대한 단죄는 매우 중요하다. 개인이 개인에게 저지른 일에 대한 재판이 아니라 국가 같은 거대한 단위의 행위자가 집단에게 저지른 짓을 처벌하는 것이며 일종의 역사적 평가이기도 하다. 그뿐 아니라, 지나간 전쟁과 범죄를 어떻게 정리하느냐는 세계 혹은 한 사회의 이후의 방향을 정하는 중요한 준거가 된다. 당장 한국만 해도 베트남전에서의 행위에 대한 논쟁은 수십 년이 지나도록 금기시돼왔다. 파병과 국익, 전쟁의 금전적 이득과 윤리적 측면, 그리고 전쟁의 동기와 전쟁범죄 같은 것들에 대해 우리가 제대로 인식하고 사회적 논의를 진전시키지 못하게 막는 최대 걸림돌이 베트남전이다. 과거와 직면해야 앞으로 나아갈 수 있다는 것, '제대로' 대면하는 방법을 배우는 것이 사회 전체를 성숙하게 만든다는 것을 반인도 범죄 재판들은 보여주고 있다.

2장

네덜란드는 왜
사과를 했을까

옛 유고슬라비아연방에서 민족갈등이 터져 나와 극렬한 내전이 벌어지고 있던 1995년 7월 보스니아의 스레브레니차라는 곳에서 세르비아계 무장병력이 주민들을 끌고 가 학살한 뒤 구덩이에 묻었다. 사흘간의 학살로 희생된 사람이 8,000명이 넘었고, 모두 무슬림 남성들이었다. 유엔이 파견한 네덜란드 평화유지군이 주변에 있었지만 그들은 세르비아계의 만행을 막지 않았다. 막기는커녕 학살자들이 평화유지군 기지 안에 피신해 있는 주민들을 '분류'해 끌고 가는 것을 방기했다. 사령관이 세르비아계 지도자로부터 선물을 받고 웃고 떠드는 모습을 담은 영상도 있다. 유엔의 처참한 실패였다.[92]

한 세대가 지나고서야 '사과'를 했다

27년이 흐른 뒤인 2022년 7월 11일, 보스니아를 방문한 네덜

2. 네덜란드는 왜 사과를 했을까

란드 국방장관은 당시 학살을 방치한 자국군의 행위에 대해 사과를 했다. 추모식에 참석한 장관은 "끔찍한 대량학살의 책임은 세르비아 군대에 있지만 국제사회가 주민들을 적절히 보호하지 못한 것 또한 확실하다"면서 "네덜란드 정부는 당시의 실패에 대한 책임을 공유하고 있다"고 인정했다.[93]

발칸 제노사이드의 가장 참혹한 사건이었던 스레브레니차 학살은 책임자를 벌하기 위한 국제사회의 노력이 집중됐던 사안이었다. 전쟁범죄자로 지목된 세르비아 측 지도자들은 1995년 곧바로 국제유고전범재판소ICTY에서 기소됐으며 유엔의 법원 격인 국제사법재판소ICJ에서도 소송이 진행됐다. 1999년 유엔 사무총장 명의의 사건 조사보고서가 발표됐고 2002년에는 네덜란드 정부의 보고서가 나왔다. 2년 뒤 스레브레니차에 제노사이드 추모비가 세워졌다. 2005년에는 미 의회가, 2009년에는 유럽의회가 학살을 규탄하고 전범들의 책임을 묻는 결의안을 채택했다.

당시 상황을 담은 비디오들이 공개되고 집단 매장지들이 추가로 발굴되고 조사가 이뤄지는 동안 '더치뱃'이라 불렸던 네덜란드 군대의 행위는 누차 비난을 받았다. 단순히 무력하기만 했던 것이 아니라, 살려달라고 애원하는 보스니아 주민 몇몇을 학살자들에게 되돌려보내 결국 살해되게 만든 정황들도 확인됐다. 유족들은 줄곧 네덜란드 정부의 사과를 요구해왔으며 스레브레니차 사건은 네덜란드의 정치적 스캔들이 되기도 했다. 2002년 빔 코크 당시 총리는 "잘못한 것도 있지만 비난받을 이유는 없다"고 말했다가 결국 사퇴해야 했으며 네덜란드 법원들에서 배상과 관련된 소송이 이어졌다.

지난한 과정을 거쳐 네덜란드 국방장관의 사과로까지 이어졌지만 개운치 않은 느낌이 드는 것도 사실이었다. 무엇보다 네덜란드는 학살의 주범이 아니다. 학살을 저지른 세르비아 측도 사과를 하기는 했다. 2010년 세르비아 의회는 학살을 비난하고 '비극을 막지 못한 책임'을 사과하는 결의안을 내놨다. 하지만 단 2표 많은 과반수로 채택됐다. 절반 가까이가 반대했던 것이다.

세르비아 안에서는 사건을 부정하는 목소리가 계속 새어나왔다. "그 사건을 '제노사이드'라 부르는 것은 용납할 수 없다"는 지역 정부 지도자의 발언이라든가, 2012년 토미슬라프 니콜리치 당시 대통령이 "학살은 없었으며 그 전쟁범죄는 일부 세르비아인들이 저지른 것뿐"이라고 말한 것 등이 그런 예였다. 이듬해 니콜리치는 비난에 밀려 "우리 국가와 국민의 이름으로 저질러진 범죄에 대해 사과한다"고 했지만 보스니아인들에게는 진심으로 받아들여질 수 없었다. 제노사이드라기보다는 내전에서 불거진 여러 잔혹 행위 가운데 하나였을 뿐이라고 물타기를 하거나, 유엔 평화유지군의 실책을 부인하려는 사람들도 적지 않았다.

뒤늦은 사과의 배경엔 '우크라이나'가

국제사회도 일관되게 진상을 밝히려 노력했다고 할 수는 없다. 단적인 예로, 학살 20주년인 2015년 7월 이 사건을 제노사이드로 규정하고 공식 규탄하려던 유엔 안전보장이사회 결의안이 러시아의 거부로 무산됐다.[94]

그런데 러시아가 우크라이나를 침공해 학살과 고문 등 반인도 범죄를 저질러 비난받는 시점에, 네덜란드의 '과거사 사죄'가 나왔다. 정치적인 해석이 뒤따를 수밖에 없었다. 네덜란드가 사과하기 하루 전 유럽연합 외교안보정책 고위대표 호세프 보렐은 "유럽은 스레브레니차에서 대량학살을 막지 못했던 우리 스스로의 책임을 잊지 않고 있다"며 당시 사건의 의미를 되새기는 성명을 냈다. 그러면서 "우크라이나에서 벌어지는 대량 살인과 전쟁범죄는 1990년대 발칸 전쟁에 대한 사람들의 기억을 생생히 되살려내고 있다"고 했다. 러시아를 규탄하기 위해 스레브레니차 학살을 뒤늦게 사과하는 식이 돼버린 것이다.

네덜란드의 사과가 찝찝한 느낌을 주는 또 다른 이유는 네덜란드의 과거 자체에 있다. 네덜란드는 과거 제국주의 착취로 동남아시아에 막대한 피해를 입혔다. 인도네시아 술라웨시 남부에서 벌어진 학살도 그들의 역사적 범죄 중 하나다. 제2차 세계대전이 끝난 직후, 일본군에 잠시 점령돼 있던 옛 식민지를 재점령한 네덜란드군은 남술라웨시의 독립운동을 진압하려 대대적인 군사작전을 벌였다. 당시 자바섬에서는 민족지도자 수카르노의 공화당이 혁명정부를 세우고 제국주의 세력을 물리쳤으나 술라웨시는 여전히 네덜란드 점령 하에 있었다.

독립운동이 거세지자 네덜란드동인도군KNIL은 게릴라들을 붙잡는 대로 죽이는 즉결처형 보복에 나섰다. 마을을 포위한 뒤 성인 남성들을 모아놓고 학살하기도 했다. 스레브레니차 학살과 같은 방식으로 진행된 제노사이드였다. 인도네시아 측은 당시 4만 명이 살해됐다고 주장하며, 네덜란드 학자들의 조사에서는 3,000~4,000 명이 희생된 것으로 추정됐다. 자바섬 서부 라와게데에서도 네덜란드군은 400여 명을 집단 학살했다.

정의를 찾으려는 피해자들의 싸움은 길고도 길었다. 라와게데 사건에 대해 네덜란드 법원이 "전쟁범죄에는 시효가 없다"며 정부의 책임을 인정한 것은 2011년에 이르러서였다. 2년 뒤인 2013년 마르크 뤼터 총리는 "1945~1949년 네덜란드군에 의해 인도네시아에서 일어난 처형들을 공식 사과한다"고 말했다. 하지만 과거의 군사 작전들 전체가 아닌 '처형'에 대해서만 사과하는 것이라고 단서를 달았다.

뤼터 총리는 그 후 시일이 다시 한참 흐른 2022년 인도네시아에 사과를 했다. 네덜란드 정부의 자금지원으로 양국 학자와 전문가들이 과거 네덜란드 군대의 조직적 학살들을 조사해 공식 보고서를 공개한 뒤였다. 뤼터 총리는 보고서 발표 뒤 기자회견에서 "우리는 부끄러운 사실들을 받아들여야 한다"며 "정부를 대표해 인도네시아 국민들에게 깊은 사과를 드린다"고 말했다.[95]

독립전쟁으로 인도네시아인 10만 명이 목숨을 잃은 것으로 추정되지만 네덜란드 정부가 완전히 책임을 인정한 적은 없었다. 1969년에도 '공식 조사'를 했으나 "우리 군대는 전반적으로 올바르게 행동했다"는 결론을 내렸다. 2005년에야 "역사의 잘못된 편에 서 있었다"라고 인정했지만 사과는 하지 않았다. 2019년 인도네시아를 방문한 빌럼-알렉산더르 국왕이 '개인 자격'으로 사과를 했을 뿐이다.

범죄의 역사도 '정치'가 된다

과거의 잔혹 행위를 규명하고 가해자가 피해자에게 사죄하는 것은 역사를 배우고 기리는 중요한 방식 가운데 하나다. 피해자들뿐 아니라 과거를 알고자 하는 모든 이들 앞에서 정의를 세우는 방법이다. 하지만 그런 사죄가 나오기까지 언제나 힘겨운 싸움이 필요하다. 세상 모든 일은 '정치적'이라지만, 오늘의 강자들이 어제의 강자들 편에 서는 일도 숱하게 벌어진다.

때론 과거가 현재에 이용되기도 한다. 제1차 세계대전 무렵 오스만투르크 제국이 아르메니아인들을 학살하자 영국은 그 잔혹성을 널리 퍼뜨리며 당시 제국령에 살던 아랍 민족들의 독립투쟁을 부추기는 소재로 활용했다. 21세기에 들어와 튀르키예(터키)가 유럽연합 가입을 간절히 원할 적에, 무슬림 튀르키예 노동자들이 밀려올까 걱정한 유럽국들은 100여 년 전 오스만의 아르메니아인 학살을 문제 삼았다.

'아르메니안 제노사이드'는 쿠르드족에 대한 박해와 함께 튀르키예의 인권 문제를 비판하는 주된 소재가 돼왔다. 하지만 러시아의 우크라이나 침공 뒤 스웨덴과 핀란드의 나토 가입을 튀르키예가 방해하자 미국은 쿠르드족 지원을 포기하면서 튀르키예를 달랬다. 중국의 위구르족 탄압 역시 미국 정부가 중국을 압박하는 '인권 잣대'로 활용되고 있지만 지정학적 변화에 밀려 언제 슬그머니 사라질지 모른다.

보스니아를 찾아간 네덜란드 국방장관은 "고통을 덜어줄 수는

없겠지만, 그래도 우리가 할 수 있는 것은 역사를 똑바로 보는 것"이
라고 말했다. 보편적 인권은 가장 중요한 가치이지만 국제정치 앞에
서 쉽사리 흔들린다. 역사의 진실은 책이 아닌 현실 정치 속에서 힘
겹게 찾아내야만 빛을 발하는 법이며, 그 단면들이 언제나 아름답게
펼쳐지는 것은 아니다.

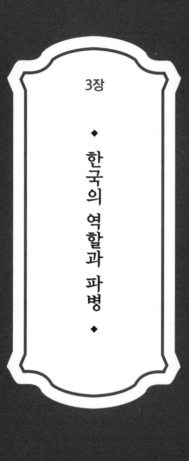

3장

◆

한국의 역할과 파병

◆

1990년대에 동티모르라는 섬나라가 인도네시아로부터 독립을 했다. 자바 동쪽에 있는 티모르섬의 동쪽 절반을 차지하고 있는 동티모르는 1976년 인도네시아에 강제로 병합됐으며 오랫동안 극심한 탄압을 받으면서도 독립을 외쳐왔다. 1999년 유엔의 지원 속에 새로운 국가로 탄생할 수 있게 됐으나 국가의 기반이 별로 없었다. 치안이 당장 문제였고, 인프라도 형편없는 처지였다. 그때 한국의 상록수부대가 국제군으로 동티모르에 파병됐다. 상록수부대는 새 나라의 건국을 돕는 역할을 톡톡히 해냈다. 노벨 평화상을 받은 동티모르 민족지도자 사나나 구스망과 호세 라모스-오르타 초대 대통령이 한국을 방문해 여러 차례 감사를 표했고 국제사회의 평가도 좋았다.

그러나 사실 남의 나라에 군대를 보낸다는 것은 대단히 큰 이슈다. 사회 전반에서 전쟁과 평화를 어떻게 보느냐, 국제사회의 일원으

3. 한국의 역할과 파병

로서 우리의 책무를 어떻게 바라보느냐 하는 문제와 총체적으로 이어져 있기 때문이다.

아프간의 경우 미국이 2001년 침공한 다음에 유엔이 국제치안지원군ISAF 결성을 승인했다. 아프간 전쟁에서 전투 임무에 가담한 나라는 8개국이었지만 그들을 포함해 국제치안지원군을 보낸 나라는 50개국이 넘었으며 2001년부터 2014년까지 공식 활동이 이어졌다. 한국도 파병했다. 전쟁 직후인 2001년 12월부터 2007년 말까지 해성·청마·동의·다산부대를 보냈으며 2010년부터 2014년까지 다시 오쉬노부대를 파병했다. 연인원 5,000여 명의 한국군이 현지에서 활동했다.

세계가 이어져 있는데 남의 나라 일이라고 모른 척할 수는 없다. 게다가 한국은 에너지를 수입해 쓰고 교역으로 돈을 버는 나라다. 인도적 재난이 일어나면 군대를 보내 돕는 일을 마다할 수는 없다. 한국의 국력이 커지면서 20년 사이에 해외 파병도 늘었다. 1991년 314명이던 한국의 해외 파병 규모는 2019년 1,826명으로 커졌다. 아프간 철수 등으로 2022년대에 총 1,005명으로 줄었다. 『2022 국방백서』[96]에 따르면 레바논의 동명부대, 남수단의 한빛부대, 아랍에미리트 아부다비의 아크부대 등이 평화유지 활동이나 해외 군사협력 활동을 하고 있다. 소말리아 해역에도 청해부대가 파병돼 있다.

베트남전 이외에 한국이 전투부대를 남의 나라에 보낸 적은 없으며 대개는 다국적군 형태로 동맹국의 작전을 지원하거나 유엔 평화유지 활동에 참여했다. 그럼에도 파병은 쉽게 생각할 일이 아니며

한국 군의 해외 파병 현황

총 13개 지역 1,005명   2022년 12월 기준

		구분	현재 인원	지역	최초 파병	교대주기
UN 평화 유지 활동	부대단위	레바논 동명부대	278	티르	2007.7.	8개월
		남수단 한빛부대	276	보르	2013.3.	
	개인단위	인도·파키스탄 정전감시단(UNMOGIP)	6	이슬라마바드 등	1994.11.	1년
		남수단 임무단(UNMISS)	10	주바 등	2011.7.	
		레바논 평화유지군(UNIFIL)	4	나쿠라	2007.1.	
		서부사하라 선거담시단(MINURSO)	3	라윤 등	2009.7.	
		소계	577			
다국적군 평화활동	부대단위	소말리아해역 청해부대	263	소말리아해역	2009.3.	6개월
	개인단위	바레인 연합해군사령부 참모장교	5	바레인	2008.1.	1년
		국제해양안보구상 (IMSC) 연락장교	2	바레인	2020.2.	
		지부티 아프리카사령부 연합합동기동부대 (CJTF-HOA) 협조장교	1	지부티	2009.3.	
		미국 중부사령부 협조단	3	플로리다	2001.11.	
		미국 아프리카사령부 협조장교	1	슈투트가르트	2016.3.	
		이라크·쿠웨이트 다국적군지원사령부 (CJTF-OIR) 참모장교	2	쿠웨이트 아리프잔	2019.12.	
		참모장교	2	이라크 바그다드	2022.8.	
		EU 소말리아 해군사령부 (CTF-465) 참모장교	1	소말리아해역	2020.3.	9개월
		소계	280			
국방협력	부대단위	UAE 아크부대	148	아부다비	2011.1.	8개월
		소계	148			
		총계	1,005			

한국 군의 해외 파병 현황

시민의 동의와 냉정한 평가를 필요로 한다. 아프간 치안 유지 임무는 최소한 유엔 안보리의 승인이라도 받았지만 미국의 이라크 침공에 한국군을 보낸 것은 정당성을 찾기 힘들었으며 중동 국가들의 반발을 사기에 충분한 행위였다.

한국은 2008년 12월 마지막 부대를 철수시킬 때까지 이라크

에 연인원 1만 9,000여 명을 보냈다. 베트남전 이후 최대 규모의 해외 파병이었다. 베트남에서와 달리 이라크에 간 한국군 부대는 비전투병력이었고, 맡은 임무도 '재건 지원'에 한정됐다. 현지에 보내진 자이툰 부대는 이라크 북부 쿠르드 지역에서 병원과 기술교육센터를 운영하고 학교, 보건소를 짓는 일을 했다. 당시 여론은 "명분도 실리도 없는 전쟁"이라는 반대론이 우세했지만 정부는 한미 동맹의 중요성을 강조하며 파병을 결정했다. 찬성한 이들은 미국의 요구를 받아들여 병력을 보내주는 것이 우리 국익에 도움이 된다, 이라크가 세계에서 몇 손가락 안에 드는 자원 보유국임을 고려할 때 전쟁에 관여하는 것이 국익에 장기적으로 도움이 된다는 논리를 펼쳤다.

한국의 언론이나 여론에서 '국익'은 무소불위의 권력을 지니는 용어처럼 보인다. 이익보다 도덕이 중요한 것 아니냐고 말하면 철부지 취급을 받는다. 이라크 파병을 찬성한 사람들에게, 이라크 '대량살상무기 의혹'이 진짜냐 아니냐 하는 것은 고려 대상이 아니었다. 정작 한국이 파병으로 어떤 '국익'을 얼마나 얻었는지, 세계가 반대한 전쟁에 참여하는 것이 한국 사회의 평화 인식이나 '세계 속의 한국'이라는 위상에 어떤 의미를 지니는지 등에 대해선 그 후에도 충분한 토론이 이뤄지지 않았다.

비슷한 사례가 2020년 이란 앞바다 호르무즈 해협에 파병한 일이었다. 당시 정부는 '파병'이 아니라, 동아프리카에서 해적 소탕 작전을 하고 있던 청해부대를 중동에 '재배치'한 것뿐이라고 했지만 말이 많이 나왔다. 분쟁도 재해도 없는 중동에, 당시 미국 트럼프 정부가 요구했다는 이유로 한국군을 보낸 것이었기 때문이다. 미국의 목적은 오로지 이란을 압박하는 것뿐이었고, 한국이 거기에 동참하는 바람에 이란으로부터 반발을 샀다.

파병이 한국 사회에 어떤 영향을 끼쳤으며 어떤 원칙 속에서 이뤄져야 하는지에 관한 사회적 토론이 많지 않았던 상황에서, 미군의 아프간 철수 뒤 혼란 속에서 한국이 아프간의 '협력자'들을 데리고 온 일은 되돌아볼 필요가 있다. 아프간은 한국의 국제적 위상과 함께 '파병 국가'로서 한국의 책무를 돌아보게 만들었기 때문이다. 미군의 철수가 끝나기도 전에 아프간에서 탈레반이 권력을 다시 장악하고 각국이 자국민들을 빼 오느라 허둥지둥 소동을 벌이는 동안, 문재인 정부는 아프간에서 우리 군과 대사관 등의 임무를 도왔던 현지인과 그 가족들 391명을 한국으로 데려왔다. 이들을 카불에서 빼내오는 '미라클 작전'의 내용이 속속들이 전해지자 그 성공적인 전개 과정에 많은 국민이 찬사를 보냈다. 코로나19 방역 성공에 이어 '국뽕'을 다시 한번 불러일으키는 계기가 되기도 했다.

정부의 대응이 기민하기도 했지만, 아프간에 군대를 보낸 뒤 구호와 개발을 돕기 위해 많은 이들이 힘을 기울였고 그렇게 쌓아 올린 관계가 힘을 발휘해 '미라클'로 이어졌다고도 볼 수 있다. 한국은 아프간에서 관계를 맺은 이들에 대한 책임을 외면하지 않은 것이다.

예멘 난민들이 제주도에 들어왔을 때 난민 수용에 반대하는 국민청원에 70만 명 이상이 서명했다. 하지만 아프간인들의 입국 뒤 한국의 여론은 확실히 그때와는 달랐다. 대통령 지지율이 올라갔고, 이른바 '댓글 여론'도 우호적인 반응이 많았다. 탈레반 통치가 아프간에 불러온 공포가 대대적으로 보도된 영향도 있지만 우리가 파병했던 나라이고 우리를 도왔던 이들을 나 몰라라 해서는 안 된다는 책임감이 작동했기 때문일 것이다. 그들을 받아들인 것은 세계의 일원으로서 한국이 져야 하는 책무에 대한 사회적 인식에 지대한 영향을 미칠 것이 분명하다. 아프간 협력자들을 끌어안음으로써 인권의 글로벌 스탠더드를 받아들이는 중요한 한 걸음을 내딛었고, 동시에 낯선 이들과 함께 살아가는 법을 배울 기회를 얻은 것과 다름없다.

베트남에 파병해 경제발전의 밑천을 벌어왔다는 인식은 반세기가 지나도록 그리 달라지지 않았다. 나의 필요에 따라 남의 전쟁을 이용하는 것을 '냉혹한 국제정치의 현실'인 듯이 쉽사리 포장하는 이들이 많다. 그러나 난민을 받아들이는 것에 반대를 하고 싶다면, 죽을 위험에 처한 사람들을 받아들이는 것을 반대할 게 아니라 사람을 죽이는 전쟁에 우리 군대를 보낼 때 반대해야 한다. 중요한 것은 어쨌든 우리가 파병 국가로서 혹은 국제사회의 일원으로서 책임을 외면하지 않고 문을 열어줬다는 것이다.

자연재해나 분쟁으로 위기에 빠진 이들에게 군대를 보내 돕는 것은 국제사회의 일원으로 한국이 맡아야 할 몫일 수 있다. 그러나 그런 경우라 하더라도 상황을 면밀히 따져보고 시민들이 고개를 끄덕일 수 있어야 한다. 경제 규모가 세계 10위권인 한국, 'K 신드롬'의 주역인 한국. 앞으로 국제사회에서 맡게 될 몫은 더 커질 것이며 시민들의 토론과 적극적인 목소리가 더욱 중요해질 것이다.

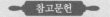

1부 세계를 뒤흔든 우크라이나 전쟁

1. https://www.youtube.com/watch?v=rkos-aWbo7w
2. https://holodomormuseum.org.ua/en/the-history-of-the-holodomor/
3. CNN, 'A far-right battalion has a key role in Ukraine's resistance. Its neo-Nazi history has been exploited by Putin' 2022.3.30.
4. 『인디펜던트』, 'Belarus receives nuclear bombs 'three times size of Hiroshima bomb' from Russia' 2023.06.14.
5. CNN, 'Ukraine war is going to 'take a while,' Putin says as he warns nuclear risk is increasing' 2022.12.08.
6. 『포린폴리시』, 'Ukrainian Ambassador: Soviet Leadership Responsible for Chernobyl's Victims' 2016.4.26.
7. 연합뉴스, '〈체르노빌 참사 30주년〉 사고원인·대책 두고 여전히 엇갈린 주장'
8. https://www.iaea.org/resources/databases/international-nuclear-and-radiological-event-scale
9. 미국과학자연맹, 'Status Of World Nuclear Forces' 2023.3.31 https://fas.org/initiative/status-world-nuclear-forces/
10. 로이터, 'Russia's Shoigu: Weapons output is key to success in Ukraine' 2023.5.3.
11. CSIS, 'Russia Isn't Going to Run Out of Missiles' 2023.6.28. https://www.csis.org/analysis/russia-isnt-going-run-out-missiles
12. CAR, 'Dating newly produced Russian missiles used in Kyiv attacks' 2022.12. https://storymaps.arcgis.com/stories/81bc6b71fdc64361a05a21020c3d6d5e
13. Wisconsin Project, 'Shortfalls and Improvisation: Tracking Russia's Missile Use in Ukraine'. 2022.11.3.
14. Long War Journal, 'Estimating Russia's Kh-101 Production Capacity' 2022.12.16.
15. 『유라시안타임스』, 'Russia To Double 'Precision-Guided' Munitions Stock; Accelerates Production Of Deadly Kh-101 Cruise Missiles' 2023.3.15.
16. 휴먼라이츠워치, 'Ukraine: Russian Cluster Munition Hits Hospital' 2022.2.25. https://www.hrw.org/news/2022/02/25/ukraine-russian-cluster-munition-hits-hospital
17. CBS, 'U.S. warship leads drills in Russia's backyard, a message that the Black Sea is "for everybody"' 2021.7.6.
18. 『데일리메일』, 'Putin says he could have SUNK British HMS Defender and got away with

it' 2021.6.30.

19. BBC, 'HMS Defender: Russian jets and ships shadow British warship' 2021.6.23.
20. http://publication.pravo.gov.ru/Document/View/0001202107030001
21. 카네기모스크바센터, 'Russia's National Security Strategy: A Manifesto for a New Era' 2021.7.6 https://carnegiemoscow.org/commentary/84893.
22. 『도이체벨레』, 'Germany to station 4,000 troops in Lithuania' 2023.6.26.
23. 리투아니아 국방부, 'Lithuanian, German and NATO Senior officials to observe joint Lithuanian-German military exercise in Pabradė' 2023.6.21. https://kam.lt/en/lithuanian-german-and-nato-senior-officials-to-observe-joint-lithuanian-german-military-exercise-in-pabrade/
24. https://www.cia.gov/readingroom/docs/1965-01-01e.pdf
25. 리투아니아 대통령실, 'The President to U.S. troops: your presence in Lithuania is our security guarantor' 2021.8.30.
26. LRT, 'Lithuania opens training camp for US troops in bid to draw Washington's attention' 2021.8.30.

2부 팔레스타인은 왜 '분쟁지역'이 되었나

27. 『가디언』, 'Netanyahu declares a 'second war of independence' as fears for Gazans grow' 2023.10.28.
28. https://www.youtube.com/watch?v=p8HBRJu5Bwg
29. CNN 'Israel-UN spat intensifies after Secretary General says Hamas attacks did not happen in a vacuum' 2023.10.25.
30. 알자지라, 'Israel to refuse visas to UN officials after Guterres speech on Gaza war' 2023.10.25.
31. https://www.nakba-archive.org
32. 『미들이스트아이』, "Op-Ed Video: It's not 75 years from Nakba, it's 75 years of Nakba" 2023.5.17.
33. https://www.jewishvirtuallibrary.org/text-of-the-balfour-declaration
34. BBC, 'Israeli PM Netanyahu 'ready' to order strike on Iran' 2012.11.6.
35. 『타임스 오브 이스라엘』, 'Far from Gaza hardships, Hamas chief and family enjoy easy life in Qatar' 2023.10.17
36. 『가디언』, 'Abbas says intifada was mistake' 2004.12.15.
37. https://research.un.org/en/docs/ga/quick/regular/36
38. UN Watch, '2022 UNGA Resolutions on Israel vs. Rest of the World' 2022.11.14. https://unwatch.org/2022-2023-unga-resolutions-on-israel-vs-rest-of-the-world/
39. 『타임스 오브 이스라엘』, 'Rouhani confirms Israeli heist of Iran's nuclear archive' 2021.8.2.
40. 정욱식, 『핵과 인간』(서해문집), 462쪽
41. 『뉴욕타임스』, 'A Top Syrian Scientist Is Killed, and Fingers Point at Israel' 2018.8.6.

scientist-mossad-assassination.html
42. BBC, 'The tragic tale of Saddam Hussein's 'supergun'' 2016.3.18.
43. 「더 컨버세이션」, 'How did Israeli intelligence miss Hamas' preparations to attack?' 2023.10.11.
44. AP, 'What went wrong? Questions emerge over Israel's intelligence prowess after Hamas attack' 2023.10.9.
45. 로이터, 'Israeli intel agency chief says it failed in stopping Hamas attack' 2023.10.17.
46. 로이터, 'Sudan military ruler arrives in Egypt on first trip abroad since war began' 2023.8.30.
47. UN News, 'Urgent call for $1 billion to support millions fleeing Sudan conflict' 2023.9.4.

3부 아랍의 봄과 시리아 내전

48. https://reliefweb.int/report/syrian-arab-republic/nine-years-syrian-regime-has-dropped-nearly-82000-barrel-bombs-killing
49. https://documents-dds-ny.un.org/doc/UNDOC/GEN/N13/476/14/PDF/N1347614.pdf?OpenElement
50. 노벨위원회, 'National Dialogue Quartet' https://www.nobelprize.org/prizes/peace/2015/tndq/facts/
51. 알자지라, 'If these images don't change Europe, what will?' 2015.9.15.
52. https://www.unhcr.org/refugee-statistics/
53. 「아트 리뷰」, 'Remains of Khaled Al-Asaad, Palmyra archaeologist killed by Islamic State, discovered' 2021.2.8.
54. 알자지라, 'ISIL video shows destruction of Mosul artefacts' 2015.2.27.
55. BBC, 'Mosul Museum reveals new look after IS destruction' 2023.5.11.
56. 이라크뉴스, 'Mosul museum emerges from ruins, set to reopen 2026' 2023.9.26.

4부 끝나지 않는 전쟁, 아프가니스탄

57. 알자지라, 'Afghan baby lost in Kabul airlift chaos reunited with relatives' 2022.1.10.
58. 「USA투데이」, "'Time for American troops to come home': Biden announces Afghanistan withdrawal by Sept. 11' 2021.4.14.
59. 「뉴욕타임스」, 'Arming Afghan Guerrillas: A Huge Effort Led by U.S.' 1988.4.18.
60. 국제앰네스티, 'Women in Afghanistan: The Back Story' https://www.amnesty.org.uk/womens-rights-afghanistan-history
61. Rafael Reuveny, Aseem Prakash, 'The Afghanistan war and the breakdown of the Soviet Union' Review of International Studies (1999) https://faculty.washington.edu/aseem/afganwar.pdf

62. 로이터, South Korea paid $20 million ransom: Taliban leader' 2007.9.1.

63. 『경향신문』, '잇따르는 인질 몸값 지불설, 19명 몫 200만 달러' 2007. 8.31.

64. SIGAR, 'WHAT WE NEED TO LEARN: LESSONS FROM TWENTY YEARS OF AFGHANISTAN RECONSTRUCTION' 2021.8 https://www.sigar.mil/pdf/lessonslearned/SIGAR-21-46-LL.pdf

65. 알자지라, 'The new and improved Taliban: The parting US gift to Afghanistan' 2023.8.23.

66. 유네스코, 'Interview: "Literacy rate in Afghanistan increased to 43 per cent"' 2020.3.17. https://uil.unesco.org/interview-literacy-rate-afghanistan-increased-43-cent

67. https://www.sola-afghanistan.org/

68. CNN, 'All students and staff at Afghanistan's only girls' boarding school flee to Rwanda' 2021.8.25.

69. https://www.amnesty.org/en/latest/research/2022/07/women-and-girls-under-taliban-rule-afghanistan/

70. AP, 'Taliban replace ministry for women with 'virtue' authorities' 2021.9.19.

71. https://www.worldbank.org/en/country/afghanistan/overview

72. 『사우스차이나 모닝포스트』, 'China is helping Afghanistan set up mountain brigade to fight terrorism' 2018.8.28.

73. 로이터, 'Exclusive: Taliban to join China's Belt and Road forum, elevating ties' 2023.10.14..

5부 세계가 반대한 이라크 전쟁

74. CBS, 'Much of $60B from U.S. to rebuild Iraq wasted, special auditor's final report to Congress shows' 2013.3.6.

75. 『파이낸셜 타임스』, 'Contractors reap $138bn from Iraq war' 2013.3.19.

76. https://www.cfr.org/global-conflict-tracker/conflict/political-instability-iraq

77. 구기연 외, 『아랍의 봄 그 후 10년의 흐름』(서울대학교 출판문화원), 137~138쪽

78. 알자지라, 'Iraqi parliament calls for expulsion of foreign troops' 2020.1.5.

79. CSR, 'Department of Defense Contractor and Troop Levels in Afghanistan and Iraq: 2007-2018' 2019.5.10. https://crsreports.congress.gov/product/pdf/R/R44116/12

80. 글로벌시큐리티, 'Al Udeid Air Base, Qatar' https://www.globalsecurity.org/military/facility/udeid.htm

81. Axios, 'Where U.S. troops are stationed in the Middle East' 2023.10.31.

82. 미 의회조사국, 'Middle East and North Africa-China Relations' 2023.3.23. https://crsreports.congress.gov/product/pdf/R/R47482/3

83. 알자지라, 'Can China replace the US in the Middle East?' 2023.4.25.

84. 국제앰네스티, 'Amnesty: Israel's Illegal Use of White Phosphorus in Lebanon a Possible 'War Crime'' 2023.10.31. https://www.commondreams.org/news/white-phosphorus-israel

85. 알자지라, 'Impeding aid to Gaza could be crime under ICC jurisdiction, says prosecutor' 2023.10.29.

86. https://www.un.org/en/genocideprevention/crimes-against-humanity.shtml

87. https://www.icty.org/

88. https://www.un.org/en/preventgenocide/rwanda/historical-background.shtml

89. https://unictr.irmct.org/

90. https://www.icc-cpi.int/

91. https://www.icc-cpi.int/palestine

92. 「발칸인사이트」, ''It Was Hell': Dutch Troops Recall Failure to Stop Srebrenica Deaths' 2019.8.8.

93. 「폴리티코」, 'Dutch government apologizes to relatives of Srebrenica victims for the first time' 2022.7.11.

94. 「발칸인사이트」, 'Russia Vetoes UN Srebrenica Genocide Resolution' 2015.7.8.

95. 로이터, 'Dutch apologize for violence in Indonesian War of Independence' 2022.2.18.

96. 국방부, 「2022 국방백서」

**전쟁과
학살을
넘어**

ⓒ 구정은·오애리, 2023

초판 1쇄 2023년 12월 11일 찍음
초판 1쇄 2023년 12월 20일 펴냄

지은이 | 구정은·오애리
펴낸이 | 강준우

인쇄·제본 | 지경사문화
펴낸곳 | 인물과사상사
출판등록 | 제17-204호 1998년 3월 11일

주소 | (04037) 서울시 마포구 양화로7길 6-16 서교제일빌딩 3층
전화 | 02-471-4439
팩스 | 02-474-1413
www.inmul.co.kr | insa@inmul.co.kr

ISBN 978-89-5906-734-3 03300
값 17,500원